AF487720

Là, où nous sommes

Là, où nous sommes

Là, où nous sommes

Pour les personnes

qui aiment aller de

l'avant et évangéliser

Normand THOMAS

Autres livres de l'auteur :

1 Oser la conversion maintenant 2 Oser la conversion chaque matin 3 Révélons Dieu 4 Refusons le péché 5 Aimons Dieu	6 Laissons-nous aimer 7 … pour l'Amour 8 La mission du cœur 9 Veiller avec foi 10 La Mission du Berger 11 Le Fruit qui demeure 12 Debout! Allons!

Normand Thomas

1964 –

Courriel : jesuseigneur@gmail.com

Introduction

La foi est au cœur de l'être humain et elle se transmet là où nous sommes.

Notre existence sur terre passe rapidement. Nous sommes en mouvement constamment et nous changeons de lieux souvent. Et les personnes que nous rencontrons ne seront peut-être pas là longtemps.

Parfois, nous avons une petite occasion de laisser paraitre la foi qui nous habite. De là l'importance de trouver des réponses simples, mais efficaces, vraies et qui éveillent.

Un des grands défis, c'est de ne pas connaitre l'autre et d'en venir à le craindre. Nous avons tendance à craindre ce que nous ne connaissons pas et à nous éloigner de certaines personnes.

C'est à nous qu'il est demandé d'aller vers la brebis égarée et de lui offrir ce que Dieu nous transmet pour elle. La mission d'évangéliser est maintenant

À chaque occasion qu'il nous est présenté une brebis qui cherche seule, une brebis qui ne connait pas Jésus, une brebis qui a soif d'entendre sa Parole, c'est nous qui leur sommes envoyés. Toutes les brebis, sans exception, consciemment ou non, ont le désir de trouver Dieu. Et Dieu nous place sur leur route.

+ Merci de prier moi

Les brebis

Cheminement 82

Allons vers les brebis

Jésus dit aux douze Apôtres réunis :

« Allez plutôt vers les brebis perdues de la maison d'Israël. Sur votre route, proclamez que le royaume des Cieux est tout proche. »
Matthieu, chapitre 10, versets 6 à 7

Allons vers les personnes qui cherchent Dieu. Il y en a qui sont comme des enfants de Dieu sans berger. Tous les Baptisés ou non sont en recherche pour découvrir la foi en eux. Proclamons que le Royaume de Dieu est proche, que le salut est arrivé, que Jésus est la Bonne Nouvelle et qu'il rassemble son peuple pour une joie éternelle !

Craindre l'inconnu

Jean nous invite à la prudence lorsqu'il vient le temps de choisir. Nous avons le choix de suivre le Christ ou une autre route. Il nous parle de gens qui étaient avec les Apôtres, mais qui ne sont plus avec eux :

« Ils sont sortis de chez nous, mais ils n'étaient pas des nôtres ; s'ils avaient été des nôtres, ils seraient demeurés avec nous. » *1re lettre de Jean, chapitre 2, verset 19*

Parfois, même dans nos églises, il peut y avoir des personnes qui ne sont pas avec nous, c'est-à-dire qui suivent une autre doctrine que celle de Jésus-Christ.

Puisque nous sommes appelés à ne pas juger, Dieu seul peut savoir si une personne vit sa foi de manière authentique ou non. Nous pouvons, tout de même, nous poser cette question : « Est-ce que la personne suit l'Amour de Dieu et est-ce qu'elle laisse l'Esprit Saint œuvrer dans sa vie ? » Sinon, voilà de très belles occasions de prier. Nous avons autour de nous, dans l'église, un endroit idéal pour nous pratiquer à observer et à être à l'écoute de la foi des autres.

Jean connait Jésus :

> Le Verbe était la vraie Lumière, qui éclaire tout homme en venant dans le monde. Il était dans le monde, et le monde était venu par lui à l'existence, mais le monde ne l'a pas reconnu. *Jean, chapitre 1, versets 9 à 10*

Jésus est la vraie Lumière, mais il y a des personnes qui ne le connaissent pas.

Or, comment nous assurer que ces personnes ne nous conduisent pas dans une autre direction, ailleurs que dans la Lumière du Christ ? Soyons aussi prudents pour nous-mêmes, car ces personnes peuvent nous conduire hors route.

Laissons la grâce de Dieu nous envahir comme elle a couvert Marie et l'a gardé totalement pure et sans péché. Que la grâce, tout comme la Parole et l'Eucharistie, nous transforme chaque jour, afin de devenir « image de Dieu » dans le monde et pour le monde. Décidons personnellement de vivre l'Amour, la Paix, la Vérité, la Vie que le Christ nous transmet et d'avancer librement sur la Voie où il nous conduit.

Offrons-nous à Dieu

Offrir notre vie à Dieu, c'est la réponse qu'il souhaite. De cette manière, il peut combler les personnes. Puis, invitons les personnes à se laisser aimer et à ouvrir leur cœur à la Présence de Dieu. Invitons-les à donner leur vie à Dieu. Disons-leur que son Amour est gratuit et Parfait.

Il nous a fait le don de sa Vie et il attend de nous la réponse à son Amour. Offrons-Lui notre vie en réponse à sa Vie Éternelle pour nous. Offrons l'amour en réponse à son

Amour. Observons aussi les fruits que l'Esprit transmet aux personnes et nous découvrirons Dieu présent en elles.

Être un phare et à l'écoute

Le vrai disciple est au milieu du monde comme un phare qui attire à la conversion. Il est aussi celui qui est à l'écoute du cœur humain. Il aide l'autre à se dire et à partager ses souffrances. Il l'aide ainsi à trouver ses réponses. Il est nécessaire cependant qu'il se retienne d'élaborer sur ses propres expériences difficiles pour ne pas bloquer l'ouverture voire le passage qui se crée en celui qui partage sa souffrance.

Devenons conscients de ce que l'autre vit. Soyons attentifs et sensibles aux difficultés que vit la personne.

Cependant, les difficultés passagères ne sont rien en comparaison avec la vie que Dieu nous offre. Dieu nous partage infiniment plus que tout ce que nous pouvons espérer. La grâce de Dieu surabonde lorsque, malgré la souffrance et les peines, nous nous accrochons à Lui et nous le faisons connaitre.

Que la mission continue, tant que les personnes ne connaissent pas Jésus. Continuons d'œuvrer.

Chercher la brebis

Aujourd'hui, Jésus nous dit :

> Quel est votre avis ? Si un homme possède cent brebis et que l'une d'entre elles s'égare, ne va-t-il pas laisser les quatre-vingt-dix-neuf autres dans la montagne pour partir à la recherche de la brebis égarée ? *Matthieu, chapitre 18, verset 12*

Nous sommes invités à nous former chaque jour simplement à lire des passages ou des livres de la Bible. Certains livres de cette bibliothèque (Bible) contiennent très peu de pages.

Nous recevons la Parole toutes les fois que nous ouvrons la Bible, que nous allons à la messe et en d'autres occasions. Nous y sommes à l'étude. Développons aussi l'habileté à transmettre la Parole au peuple de notre temps. Nous pouvons l'offrir aux personnes autour de nous, puisque c'est nous qui sommes là, maintenant :

« C'est du lait que je vous ai donné, et non de la nourriture solide ; vous n'auriez pas pu en manger, et encore maintenant vous ne le pouvez pas. » *1^(re) lettre de Paul Apôtre aux Corinthiens, chapitre 3, verset 2*

Paul propose de donner du lait aux nouveaux disciples et non pas de la nourriture solide. Il serait important de nous souvenir de cette recommandation qui est de première importance. Le texte de Paul est très bien pour toutes personnes qui veulent avancer dans la foi et la partager.

Car, le lait est habituellement donné aux bébés, si nous comprenons bien le sens que Paul veut lui donner. Le bébé ne peut pas prendre son biberon. Le parent ne cesse d'observer et d'être à l'écoute du bébé pour bien comprendre ses besoins immédiats. Et pour le steak, nous aurons atteint un certain âge pour pouvoir le consommer.

Le missionnaire va toujours donner du lait et non pas du steak à toutes les nouvelles personnes qu'il rencontre, parce qu'il ne sait rien d'elles. Cela permet de vérifier où la personne est rendue dans la foi. Si elle pratique sa foi, elle va vouloir le partager.

Si la personne n'en connait pas beaucoup sur la foi, elle va soit laisser l'évangélisateur continuer s'il demeure simple soit se refermer, parce qu'il ne la rejoint pas avec des mots trop difficiles pour elle ou en essayant de la bourrer de tous les mots du dictionnaire qu'il connait.

Il s'agit d'être attentif à ces deux pôles de réactions opposées pour nous situer devant cette personne, afin de découvrir la réelle profondeur de sa foi. Le but ultime de l'évangélisation est de garder les personnes éveillées dans la foi en leur proposant de petits pas à réaliser.

Pour chaque petit pas qu'une personne réalise, nous nous réjouissons. Jésus guérira ce qui ralentit les personnes d'une vie épanouie, afin que ces personnes deviennent autonomes, dans la foi. Chaque mouvement contraire nous indique ce qui est à remettre à Jésus. Chaque fois que nous rencontrons une personne, que nous évangélisons, nous pouvons remettre à jour ce qui est à corriger dans notre approche, en général.

Soyons assurés que nous ne nous trompons jamais lorsque l'évangélisation est faite simplement, avec des mots et des gestes simples. Par contre, ce qui est compliqué repousse les personnes et cela peut nuire à leur expérience de foi.

Le steak de bœuf se mange par la personne qui a acquis de l'expérience. Or, nous allons nourrir les personnes à la foi, peu à peu, jusqu'à ce que ces personnes aient acquis de l'expérience. Notre mission est d'offrir ce que Jésus nous donne, un petit peu à la fois.

La progression de la foi est semblable. Au début, les personnes se voient dans une situation qui demande beaucoup d'effort. Chaque petite réalisation demande beaucoup de coordination entre le cœur, le corps, l'âme et l'esprit.

Il est préférable pour nous d'être sensible à la réalité et au mouvement intérieur de la personne pour ajuster la progression de la foi chez elle que de vouloir qu'elle apprenne tout, trop rapidement et d'un seul flot de mots.

Pensons à tous les efforts qu'un bébé va déployer pour réussir à marcher, toute la coordination des fonctions de son corps que cela demande, afin de réussir un seul pas en avant. C'est à cela que nous devons penser lors d'une première rencontre avec une personne, qu'elle soit croyante ou non.

C'est aussi utile pour les personnes qui sont croyantes et qui croient savoir tout. Cela les ramène à l'essentiel, à la simplicité de la foi. Soyons patients avec nous-mêmes et avec les autres. Quoique simple en soi, l'expérience de la foi est complexe pour le débutant ou pour celui qui, sans en être conscient, est en sortie de l'église.

Si nous sommes à l'écoute dès la première rencontre, nous nous offrons les possibilités de découvrir où est rendue leur foi. Si nous ne voyons pas de résultats, cela est un signe que nous devons continuer à écouter profondément et être davantage attentifs. Ce n'est pas encore le temps de trop parler. Prions pour ces personnes.

Nous sommes invités à faire du bien aux humains. Tout ce que nous réalisons de bien en Dieu nous aide à devenir plus humbles et plus heureux.

Nous sommes les serviteurs de Dieu et il ne peut vouloir que le meilleur pour nous et pour le monde. Offrir la foi, au nom de Dieu, c'est se donner les moyens pour devenir saint.

Développons notre foi Catholique et recherchons Jésus par la lecture et l'approfondissement de sa Parole. Jésus ne disait pas beaucoup de mots aux personnes, mais il allait à l'essentiel et il disait les mots justes.

Continuons de recevoir l'Eucharistie pour que notre cœur s'ouvre toujours davantage à l'Amour de Dieu sur nous et pour le prochain.

Être flexible

La beauté d'un prophète est d'avoir un cœur d'enfant et d'oser accomplir le plus précisément possible ce que Dieu demande.

Apprenons à devenir flexibles, à écouter et accomplir ce que Dieu dépose d'Amour dans notre cœur. Ce que Dieu nous propose n'est peut-être pas aussi difficile que pour cette prochaine histoire. Mais, il va certainement nous proposer quelque chose qui nous ressemble davantage.

Dieu demande à Jérémie de s'acheter une ceinture, de ne pas la tremper, et de la placer sur ses reins :

« Avec la ceinture que tu as achetée et que tu portes sur les reins, lève-toi, va jusqu'à l'Euphrate, et là-bas cache-la dans la fente d'un rocher. » *Jérémie, chapitre 13, verset 4*

Dieu l'envoie sur la route au-delà de l'Euphrate pour qu'il place la ceinture dans le creux d'un rocher. Et Jérémie le fait. Mieux encore, il a peut-être même oublié cette ceinture et Dieu va le lui rappeler, longtemps après :

> « Longtemps après, le Seigneur m'a dit : « Lève-toi, va jusqu'à

l'Euphrate, et reprends la ceinture que je t'ai ordonné de cacher là-bas. » Je suis allé jusqu'à l'Euphrate, j'ai cherché, et j'ai retiré la ceinture de l'endroit où je l'avais cachée. Et voilà qu'elle était pourrie, hors d'usage ! » *Jérémie, chapitre 13, verset 5 à 6*

Alors la parole du Seigneur me fut adressée :

« Voilà comment je ferai pourrir l'immense orgueil de Juda et de Jérusalem. » *Jérémie, chapitre 13, verset 9*

« Faire pourrir l'orgueil ». Bonne idée !

Dieu apprend à Jérémie ce qu'il veut qu'il comprenne pour son peuple. C'est sa manière de le rejoindre, de lui enseigner, dans l'époque où il a vécu.

Nous pourrions conclure que c'est tout un exercice que Dieu lui fait subir là et qu'il aurait pu faire comprendre son message par une méthode différente. Mais nous parlons ici de quelques millénaires passés où se produit cet événement. L'apprentissage était possiblement plus terrestre, plus terre à terre, que nous pourrions l'imaginer. Dieu respecte la connaissance de Jérémie.

L'image est un peu rugueuse, mais très intéressante. Dieu veut faire pourrir l'orgueil de Jérusalem. L'orgueil conduit à tous les maux les habitants de la ville nommée « Paix ». Or, Dieu veut ramener le peuple de Jérusalem à une plus grande paix. Il l'invite à changer de cœur et à ne plus être orgueilleux. Dès qu'il comprendra l'enseignement du Seigneur, Dieu va l'aider en détruisant la ceinture qui l'étouffe.

Nous sommes invités à laisser l'orgueil. Le dégagement que cela fera en nous nous permettra d'utiliser les dons et charismes que nous recevons de Dieu pour les autres.

Dieu nous réconforte :

> Béni soit Dieu, le Père de notre
> Seigneur Jésus Christ, le Père plein
> de tendresse, le Dieu de qui vient

tout réconfort. Dans toutes nos détresses, il nous réconforte ; ainsi, nous pouvons réconforter tous ceux qui sont dans la détresse, grâce au réconfort que nous recevons nous-mêmes de Dieu. *2ᵉ lettre de Paul aux Corinthiens, chapitre 1, versets 3 à 4*

Lorsqu'il y a une occasion de laisser à Jésus le soin de s'occuper de nos détresses, de nos peurs, de nos peines, de l'orgueil, Paul nous le dit, Dieu nous réconforte. Ou plutôt, nous découvrons que Dieu nous réconforte, puisque nous nous ceinturons à nouveau à son Cœur.

Le réconfort

Lorsque nous sommes réconfortés, nous pouvons penser à réconforter les autres. C'est un bel échange qui commence avec

Dieu. Il nous transforme pour être ouvert aux autres et il leur permet de vivre le réconfort de sa Présence, grâce à la rencontre que nous vivons avec eux.

Paul va même un peu plus loin :

« Quand nous sommes dans la détresse, c'est pour que vous obteniez le réconfort et le salut. » *2ᵉ lettre de Paul aux Corinthiens, chapitre 1, verset 6*

Alors, même dans la détresse, si nous sommes dans le Seigneur, nous pouvons être des personnes invitant nos contemporains au salut, soutenu par le réconfort de Dieu.

Nous pouvons dire :

> Je bénirai le Seigneur en tout temps, sa louange sans cesse à mes lèvres. Je me glorifierai dans le Seigneur : que les pauvres m'entendent et soient en fête !
> *Psaume 33, versets 2 à 3*

Bénissions le Seigneur en tout temps et même la misère sera transformée pour la gloire de Dieu et le salut du monde.

Responsabilité

Pour aider d'autres personnes, il est nécessaire d'être responsables et conscients de notre propre vie. Ici, le peuple d'Israël place la faute sur quelqu'un d'autre :

« Les Égyptiens nous ont maltraités, et réduits à la pauvreté ; ils nous ont imposé un dur esclavage. » *Deutéronome, chapitre 26, verset 6*

Reformons cette phrase : « Nous nous sommes maltraités, réduits à la pauvreté et à un dur esclavage ». Nous avons maltraité notre corps et les personnes autour de nous de plusieurs manières. Nous étions réduits à la pauvreté, seuls, démunis devant les déceptions pendant que nous cherchions le bonheur ailleurs. Sentis abandonnés, nous nous sommes imposé un esclavage et nous avons fermé nos yeux, nos oreilles, nos sens et le bon sens.

Puis :

« Nous avons crié vers le Seigneur, le Dieu de nos pères. Il a entendu notre voix, il a vu que nous étions dans la misère, la peine et l'oppression. » *Deutéronome, chapitre 26, verset 7*

Dieu sait quand : « nous sommes dans la misère, la peine et l'oppression ». Pour Dieu c'est facile à deviner. Comme pour le peuple d'Israël, il nous entend lorsque nous crions vers lui, puisqu'il sait que nous sommes libres de nous tenir éloignés de lui. Lui, pourtant, demeure toujours près de nous.

Le Seigneur a entendu. Moïse proclame :

« Le Seigneur nous a fait sortir d'Égypte à main forte et à bras étendu, par des actions terrifiantes, des signes et des prodiges. » *Deutéronome, chapitre 26, verset 8*

Le Seigneur nous sauve par des signes, des prodiges, puisqu'il est avec nous.

Moïse ajoute :

« Il nous a conduits dans ce lieu et nous a donné ce pays, un pays ruisselant de lait et de miel. » *Deutéronome, chapitre 26, verset 9*

Par son Alliance avec nous, Dieu nous donne la meilleure nourriture et la meilleure boisson. Il nous conduit jusqu'à lui, dans le festin de son Royaume.

Porter des fruits

Moïse termine avec cette phrase :

« Et maintenant voici que j'apporte les prémices des fruits du sol que tu m'as donné, Seigneur. » *Deutéronome, chapitre 26, verset 10a*

Nouvellement nourri de la grâce de Dieu, finalement, notre sol humain n'est plus stérile comme autrefois et nous portons des fruits que le Saint-Esprit nous offre, gratuitement. Nous pouvons devenir de plus en plus charitables et heureux, généreux et joyeux.

Nous vivons maintenant en Dieu pour le service aux autres. Et cela se reflète sur la communauté :

« Ils mangeront à satiété dans ta ville. » *Deutéronome, chapitre 26, verset 12*

Cette nourriture serait aussi la joie d'être libre.

Ce récit de Jérémie invite à discerner ce qui est de Dieu de ce qui ne l'est pas. Il est écrit :

« Moi, le Seigneur, qui pénètre les cœurs et qui scrute les reins, afin de rendre à chacun selon sa conduite, selon le fruit de ses actes. » *Jérémie, chapitre 17, verset 10*

Ce n'est pas nouveau. Nous savons que Dieu connait notre cœur et nos intentions. Il n'a pas à nous dire si nous allons être malheureux ou heureux. Cela dépend de notre décision et de notre liberté. Au fond, nous le savons trop bien. La responsabilité est davantage la nôtre.

C'est nous qui décidons si nous cheminons dans un mouvement de bonne volonté et de bonnes œuvres de charité ou si nous allons nous en éloigner et nous laisser aller au mal. C'est à nous de veiller sur nous-mêmes. Ensuite, pourquoi et comment ne pas faire bénéficier notre prochain de bons gestes et de bonnes paroles ?

Dieu se réjouit de la pureté du cœur penché sur le cœur, le corps et l'âme de la personne. Dieu ne fait que constater les dégâts si nous refusons d'aimer notre prochain.

Selon les choix que nous faisons, nous nous situons quelque part entre le mal et Dieu. C'est à nous de voir si nous voulons avancer plus profondément en relation avec Dieu ou si nous commençons à lui tourner le dos et tourner le dos au prochain, puis pencher vers le mal. Dieu ne bouge pas, il est toujours là, avec nous, avec son Amour.

Lazare et le riche

C'est la même idée qui nous est proposée maintenant. Dans cette histoire, il y a un homme riche qui ne s'occupe pas d'une personne pauvre de son entourage.

L'histoire de Lazare à la porte du riche est un simple exemple du nécessaire que des humains n'ont pas. Le riche ne lui offre pas le nécessaire pour sa survie. Jésus nous offre cette histoire, qui est terrible, juste pour nous éveiller sur ce qu'il nous propose en retour de son Amour :

> Il y avait un homme riche, vêtu de pourpre et de lin fin, qui faisait chaque jour des festins

sompteux. Devant son portail gisait un pauvre nommé Lazare, qui était couvert d'ulcères. Il aurait bien voulu se rassasier de ce qui tombait de la table du riche. *Luc, chapitre 16, versets 19 à 21*

Lorsque nous bloquons l'Amour de Dieu en nous, nous avons tendance à ne pas pouvoir le faire circuler aux personnes qui sont près de nous. Pour que le riche ne puisse pas offrir un peu de pain au pauvre Lazare, c'est qu'il a tellement pensé à lui-même, qu'il n'est plus capable d'entrevoir la pauvre nécessité de l'autre. Il s'est enfermé sous clef dans son coffre-fort avec son argent.

L'homme riche se contemple dans l'éclat terne de ses possessions. Il est le plus à plaindre des deux, puisqu'il a trouvé le moyen de bloquer l'Amour de Dieu. Et cela est le sommet de la bêtise humaine, celui de bloquer l'Amour de Dieu.

Lazare recevra sa part dans le paradis, à la fin de la parabole que raconte Jésus. Mais l'homme riche ne semble pas trouver Dieu, puisqu'il ne sait pas partager l'Amour que Dieu lui offre gratuitement. Il n'a pas développé sa relation à Dieu, puisqu'il n'a pas égard au prochain.

Il pervertit l'Amour de Dieu et il se cache derrière un masque d'hypocrisie. Il est pauvre à ne pas recevoir l'Amour de Dieu, puisqu'il se croit enrichi de ce qu'il retient pour lui-même. Il délaisse la pauvreté à sa porte et il s'enferme entre les murs de sa richesse avec ses biens devenus inutiles.

Continuons l'histoire :

> Or le pauvre mourut, et les anges l'emportèrent auprès d'Abraham. Le riche mourut aussi, et on l'enterra. Au séjour des morts, il était en proie à la torture ; levant les yeux, il vit Abraham de loin et Lazare tout près de lui.

Alors il cria : Père Abraham, prends pitié de moi et envoie Lazare tremper le bout de son doigt dans l'eau pour me rafraîchir la langue, car je souffre terriblement dans cette fournaise. – Mon enfant, répondit Abraham, rappelle-toi : tu as reçu le bonheur pendant ta vie, et Lazare, le malheur pendant la sienne. Maintenant, lui, il trouve ici la consolation, et toi, la souffrance. Et en plus de tout cela, un grand abîme a été établi entre vous et nous, pour que ceux qui voudraient passer vers vous ne le puissent pas, et que de là-bas non plus, on ne traverse pas vers nous. »

Le riche répliqua : « Eh bien ! père, je te prie d'envoyer Lazare dans la maison de mon père. En effet, j'ai cinq frères : qu'il leur porte son témoignage, de peur qu'eux aussi ne viennent dans ce lieu de torture ! » Abraham lui dit : « Ils ont Moïse et les Prophètes : qu'ils les écoutent ! — Non, père Abraham, dit-il, mais si quelqu'un de chez les morts vient les trouver, ils se convertiront. » Abraham répondit : « S'ils n'écoutent pas Moïse ni les Prophètes, quelqu'un pourra bien ressusciter d'entre les morts : ils ne seront pas convaincus. » *Luc, chapitre 16, versets 22-31*

Jésus invite à la responsabilité de notre foi. Il veut que nous écoutions la sagesse de ses propos. Il veut nous conduire dans le Cœur de Dieu, afin de demeurer avec lui, éternellement.

Il nous invite à pratiquer la charité, que cette charité soit de l'argent, du pain, de la paix, de la joie, de l'espérance, surtout le partage de l'Amour de Dieu, tous de la même bonne intention. Le but est d'assouvir le manque chez l'autre, quel que soit ce manque, dans la mesure du possible.

Comme raconté à la fin de la parabole, Abraham répond à l'homme riche qui veut éveiller ses frères sur terre : « S'ils n'écoutent pas Moïse ni les Prophètes, quelqu'un pourra bien ressusciter d'entre les morts : ils ne seront pas convaincus ».

Considérons le creuset du message de Jésus. Il nous donne tous les moyens de nous améliorer et de l'écouter ou de nous refermer d'une sourde oreille.

Laissons de côté ce qui est devenu inutile et marchons à la suite de Jésus dans la confiance en offrant ce qu'il y a de meilleur, reçu de lui. Soyons convaincus que Jésus nous conduit dans la paix de sa maison éternelle, pendant que nous distribuons ses biens aux personnes qui ont un réel besoin.

Trop de personnes ne connaissent pas l'Amour de Dieu. Trop de personnes ont besoin aujourd'hui de savoir que Dieu les aime et il les invite à puiser à la source de ses dons et charismes. La manière d'accueillir la personne est directement liée au désir d'accueillir Dieu. Dieu est dans cette personne. Permettons-lui de découvrir sa Présence, tout simplement.

Continuons de transmettre l'Amour de Dieu par des paroles et par des actes. Soyons davantage à l'écoute des personnes pour les entendre et pour entendre Dieu dans leur vie. Nous nous permettons alors d'avancer dans la foi, nous-mêmes.

Embrasser le pauvre

> Le riche sera condamné non pas pour ses richesses, mais parce qu'il a été incapable de ressentir de la compassion pour Lazare et de le secourir. Le pape François est parti de la parabole de l'homme riche et du pauvre Lazare (Lc 16, 19-31)

pour expliquer « les liens entre la miséricorde de Dieu envers nous » et « notre miséricorde envers le prochain », plus spécialement entre « la pauvreté et la miséricorde », qui ne vient pas en connaissant la Parole de Dieu, mais uniquement si celle-ci « est écoutée et accueillie dans nos cœurs », *a-t-il souligné face aux milliers de fidèles et pèlerins rassemblés ce 18 mai 2016, place Saint-Pierre, pour la traditionnelle audience générale du mercredi. Pape François. Aleteia, site internet :*

http://fr.aleteia.org/2016/05/18/ pape-francois-ignorer-le-pauvre-cest-mepriser-dieu/

Nous pourrions dire que nous portons tous des vêtements de luxe comparativement à une personne pauvre.

Mais il y a d'autres richesses qui ne se voient pas. Ce sont toutes les grâces que les humains reçoivent de Dieu, mais qui ne sont pas partagées avec empressement. Ce sont nos plus beaux vêtements : l'amour, la paix, la joie, la lumière, l'espérance, ainsi de suite. C'est de cela que parle aussi le Pape François ; d'être justes et miséricordieux.

Aller vers d'autres

Jean-Marc Barreau nous dit :

> Il faut être à l'école du pauvre, le pauvre concret, ne pas hésiter à rencontrer toutes les pauvretés de notre société pour creuser en nous cette pauvreté spirituelle qui permettra à la miséricorde d'agir. *Jean-Marc Barreau, site internet :*
>
> *http://presence-info.ca/article/-la-misericorde-c-est-l-amour-qui-*

se-deverse-dans-la-limite-humaine-

En étudiant à l'école du pauvre, nous devenons mieux outillés pour l'écouter. Nous découvrons en même temps comment abriller nos pauvretés personnelles par la couverture bienveillante du Cœur de Dieu.

Demandons à Jésus qu'elles sont les richesses que nous pouvons partager davantage à l'entourage immédiat. « Toutes les pauvretés » dont mentionne Jean-Marc signifient qu'il y en a plusieurs. Il serait intéressant de réaliser une liste de « toutes les pauvretés ». Elle serait assez longue. Cela suppose inévitablement des manques chez les personnes et des manquements en nous. Découvrons-les en nous et dans les personnes autour de nous. C'est cela notre mission. Puis, permettons à Dieu de nous appeler sur sa route... pour évangéliser.

Apprenons à apprécier les pauvretés, car elles nous conduisent à la richesse du don de nous-mêmes.

Qui sont nos amis ?

« Si vous ne saluez que vos frères, que faites-vous d'extraordinaire ? » Matthieu, chapitre 5, verset 47

Il n'est pas rare de nous asseoir régulièrement dans un groupe et de partager continuellement avec les mêmes personnes. Même si c'est moins plaisant et sans les mettre de côté, il est recommandé, à l'occasion, de ne pas nous asseoir toujours avec les mêmes personnes. Cela permettra de créer de nouvelles relations.

Essayons de prendre le repas avec des personnes différentes, en disant à nos amis que nous ne les délaissons pas, que nous serons de retour. Nous découvrirons de nouveaux échanges intéressants et nous apprendrons à connaitre de nouvelles personnes.

Cela permet de découvrir les merveilles que Jésus réalise dans leur cœur. Même si ce sont des personnes qui ne parlent pas naturellement de leur foi ou de la présence de Jésus en elles, écoutons-les tout de même. Écoutons leur silence. Elles ont quelque chose à nous dire. Elles nous permettent de prier pour elles.

Non seulement le prêtre, mais tous, nous sommes invités à visiter les personnes de notre paroisse. La lumière de Jésus est là, dans leur cœur. Nous y découvrons la charité, la paix, la joie ? Nous pouvons leur révéler comment Jésus est présent dans leur vie.

Cela dit, il est aussi important d'avoir des amis sincères chez lesquels nous mangeons et partageons à l'occasion. Mais, nous soulevons surtout le danger de toujours aller aux mêmes demeures. Nous risquons de délaisser d'autres personnes. Cela est d'une grande importance pour que la mission de la semence continue.

Partageons ensemble le peu que nous observons de Jésus et notre foi grandira avec d'autres. Partageons notre accueil avec les autres et le sens de l'accueil se développera, l'écoute et elle augmentera, la patience et nous nous assagirons.

Partageons avec les autres ce que Dieu dépose en nous et nous découvrirons que Dieu est aussi dans les autres. Parfois, cela peut prendre un certain temps, mais n'ayons pas peur de semer délicatement ce que Dieu nous offre. Délicatement, parce que le lieu dans lequel nous semons, c'est le cœur.

Recevons continuellement le tout petit peu de pain qui contient Dieu et laissons-le nous transformer pour que notre trop peu, dans certaines facettes de notre existence, devienne graduellement une valeur éternelle. Reconnaissons aussi la valeur éternelle de Dieu dans le cœur du prochain.

Paul interpelle

Paul a pris sous son aile Timothée et il veut qu'il augmente sa connaissance. Il veut que son fils spirituel ait un bon bagage pour vivre et transmettre la foi. Paul, même s'il est tenu captif, il trouve en cette situation un motif pour améliorer la foi des autres. Paul lui dit :

> Proclame la Parole, interviens à temps et à contretemps, dénonce le mal, fais des reproches, encourage, toujours avec patience et souci d'instruire. *2ᵉ lettre de Paul à Timothée, chapitre 4, verset 2*

Ne cessons pas de proclamer la Parole, elle est la base du salut de tous. Intervenons avec de bonnes paroles et avec justesse dans le respect des personnes qui nous entourent. Cela va demander de la patience qui nous permettra de développer un souci plus grand et plus précis, afin de nourrir et d'instruire en nous appuyant sur le bon sens et la sagesse de l'Écriture.

Paul ajoute :

« En toute chose garde la mesure, supporte la souffrance, fais ton travail d'évangélisateur, accomplis jusqu'au bout ton ministère. » *2ᵉ lettre de Paul à Timothée, chapitre 4, verset 5*

C'est une grâce pour Paul d'avoir un fils spirituel à qui il peut transmettre son expérience. Les recommandations de Paul sont justes et à point. Le ministère comporte aussi beaucoup de joie lorsque la foi se réalise et se développe dans le cœur des personnes.

À trop vouloir en faire, la foi perd son sens, elle perd de son lustre. Il est important d'être nous-mêmes, vivre le présent et laisser le Seigneur agir dans et par notre vie.

Même si nous avons beaucoup reçu, demeurons simples, soyons des personnes de cœur, des personnes d'âme, des personnes avec un esprit dégagé du paraître et engagé dans le bien, puis plongées dans la Bonne Nouvelle de Jésus Christ pour le monde. Tout ce que nous sommes doit servir la cause de Dieu et en être de fidèles témoins.

Recentrons notre cœur sur celui de Dieu. Que notre vie devienne remplie d'Amour Trinitaire, afin de rejoindre tous les enfants de Dieu. Qu'il se développe tellement d'Amour autour de nous que même les plus récalcitrants en soient touchés et transformés, librement.

Peindre Jésus

Quel est le but de notre vocation personnelle ? Paul nous répond :

> C'est le commandement que le
> Seigneur nous a donné : J'ai fait de
> toi la lumière des nations pour

que, grâce à toi, le salut parvienne jusqu'aux extrémités de la terre.
Actes des Apôtres, chapitre 13, verset 47

Dieu fait de chacun de nous des lumières pour les autres. Avec de bons messages, en voulant faire de notre mieux, Dieu passe et rejoint les personnes. Simplement demander à Dieu de passer par nous pour rejoindre les gens et il passe.

Un jour, sœur Faustine Kowalska voit Jésus en image. Elle part demander à un peintre reconnu, E. Kazimirowski, de lui peindre le Jésus qu'elle a vu en image « dans sa tête ou son cœur ». Quelques jours après, le peintre remet l'œuvre qu'il a réalisée à Faustine :

> À un certain moment, quand j'étais chez ce peintre chargé de peindre ce tableau, j'ai vu qu'il n'était pas aussi beau que l'est Jésus – j'en ai été beaucoup peiné, mais j'ai caché ma déception profondément dans mon cœur.

En sortant de chez le peintre, la mère supérieure resta en ville pour diverses affaires, moi je suis revenue seule à la maison. Je suis allée aussitôt à la chapelle où j'ai beaucoup pleuré.

J'ai dit au Seigneur : Qui Te peindra aussi beau que Tu l'es ? Soudain j'ai entendu ces paroles : « Ce n'est ni dans la beauté des couleurs, ni dans celle du coup de pinceau que réside la grandeur de ce tableau, mais dans ma grâce. » *Petit Journal, Sœur M. Faustine, Édition du dialogue, p. 143, (313), Paris, 1997.*

Si nous préparons une célébration et que tout n'est pas réussi comme nous le voudrions, rappelons-nous que la grâce de Jésus va passer. D'ailleurs, pour les personnes qui sont dans l'église pour une célébration spéciale, elles ne se rendent habituellement pas compte de ce qui n'a pas été réussi. Elles apprécient ce qui se voit. Et normalement, c'est très bien.

Celui qui est prêtre n'est pas toujours comme nous le souhaiterions, la grâce de Jésus passera pareil en lui. Les fidèles ne sont pas toujours comme nous le souhaiterions, la grâce de Jésus passe pareil. Ils sont là, présents dans l'église ? Laissons à Jésus le soin de les réconforter. Observons sa grâce les transformer, jour après jour.

C'est curieux de penser que nous devons « en mettre plein la vue », quand le cœur de la Messe est déjà complet. Ce qui compte vraiment, c'est la présence de Dieu et que le message soit clair, bon, beau, vrai et réel. C'est déjà tout ce que nous espérons de savoir que Dieu nous aime, qu'il est avec nous pendant notre pèlerinage sur terre et qu'il nous offre les moyens pour devenir saint.

C'est comme si nous devenions convaincus que la raison pour laquelle nous ne rejoignons pas les gens, c'est dû au manque de paraitre, au manque d'objets. Nous augmentons les objets et nous les mettons à l'avant-scène en pensant soulager le deuil des gens, par exemple. Pourtant, ils ne font, en réalité et pratiquement, que distraire.

Le plus important est bien davantage de mettre plus de cœur dans ce que nous partageons en lien avec ce que nous avons reçu de Dieu et le message que lui-même veut transmettre, pour toucher le cœur des gens. La célébration de la messe est toujours une affaire de cœur entre Dieu et son peuple. Nous ne devons jamais nous placer entre les deux, mais laisser passer Jésus et son message.

Dieu passe avec ses grâces lorsque nous sommes à son écoute et que nous sommes sincères par notre participation et notre démarche de foi. C'est important de mentionner le nom de Jésus pendant l'homélie, par exemple, afin que les personnes apprennent à dire son nom autour d'eux, simplement, parfois humblement. Simplement d'entendre son nom est un apaisement pour l'âme. Ah ! Ce que le nom de Jésus peut réaliser en chacun ! C'est indescriptible !

Pour conduire au mal, il y a des personnes sournoises. Pour conduire au bien, pourquoi ne pas surprendre en passant de bons messages, soufflés (inspirés), chuchotés dans notre cœur par le Saint Esprit :

> C'est le commandement que le Seigneur nous a donné : J'ai fait de toi la lumière des nations pour que, grâce à toi, le salut parvienne jusqu'aux extrémités de la terre. *Acte des Apôtres, chapitre 13, verset 47*

Or, Dieu nous demande de rejoindre les personnes en son nom, par de beaux gestes, par de bonnes paroles. Comme base nécessaire, demeurons chaque jour avec Jésus et trouvons des moyens pour nous approcher de lui :

En entendant cela, les païens étaient dans la joie et rendaient gloire à la parole du Seigneur ; tous ceux qui étaient destinés à la vie éternelle devinrent croyants.
Acte des Apôtres, chapitre 13, verset 48

Ils ont entendu les paroles de Paul, que « le salut parvienne jusqu'aux extrémités de la terre ». Et sur ces paroles, ils se convertissent. Cela ne prend pas beaucoup d'effort pour rejoindre et toucher le cœur des personnes. Tant que le message est précis et doux pour l'âme. Puis, la réponse dépend de chaque personne. La Parole de Dieu est pour toutes les personnes, partout où elles sont.

En définitive, nous sommes tous appelés à la vie éternelle. Nous avons tous une vocation de laquelle s'exprime notre foi en Jésus. Nous portons Jésus en nous comme un trésor de grand prix. Ce trésor, l'humanité le cherche et souhaite le trouver, non pas caché dans une caverne, mais débordant de notre cœur.

Nous le portons, mais il doit aussi rayonner sur les autres, afin qu'ils découvrent que Jésus est dans notre vie… et dans la leur.

Prions pour les vocations et les missionnaires, et spécialement pour que Jésus soit connu jusqu'aux extrémités de la terre, jusqu'au cœur des cœurs.

La pratique diminue ?

Il y a des communautés paroissiales qui se rendent à l'église comme d'un élan que rien ne peut arrêter. Les villages sont petits et tout le monde vit la messe du dimanche presque par habitude. Assurons-nous que les membres vivent une relation de cœur avec Dieu. Profitons-en pour encourager la rencontre personnelle avec Jésus, juste au cas où elle pourrait se perdre.

Les activités sportives et sociales ont augmenté de manière fulgurante, tandis que par le passé, la seule activité du village était de se rassembler à l'église. Tout gravitait autour de l'église. Les personnes de la paroisse étaient majoritairement actives. Les rencontres se réalisaient là, le partage de la foi aussi.

Les métiers se sont aussi multipliés offrant la possibilité d'étudier dans d'autres domaines, mais aussi dans d'autres milieux. Les petites paroisses n'ont pas d'études supérieures. C'est la raison pour laquelle elles se vident de ses enfants qui émigrent dans les grandes villes.

La télévision et l'internet gardent les gens à la maison. Il y a beaucoup d'autres raisons qui font que les membres ne pratiquent plus dans les églises comme auparavant, selon le temps dans lequel nous sommes.

C'est fréquent d'entendre des personnes en entrevue, aux nouvelles locales, dire qu'elles ne pratiquent pas et qu'elles ne vont pas à la messe.

Ce que l'Église a enseigné à propos des valeurs, ce sont ces mêmes personnes qui disent qu'elles ne les pratiquent pas. Pourtant, elles les pratiquent avec leurs nombreuses relations, dans la famille, avec les amis et aussi dans le milieu du travail et dans la société. Ces personnes pratiquent bien davantage qu'elles ne l'imaginent. Elles portent en elles le germe de la foi.

Le prisme de la pratique de ces personnes offre une multitude de tons aux couleurs de la foi déjà existantes. Le défi est de trouver les moyens de réunir cette pratique « ambiante » à un réel cheminement de foi. Car l'Amour de Dieu se reçoit principalement par l'Eucharistie et par la Parole.

Le prisme de notre vie est ce qui permet à la lumière reçue de Dieu de se refléter selon les charismes et les dons que nous déployons. L'Eucharistie est le « prisme » de l'Amour qui entre dans notre cœur et qui rayonne les couleurs de l'arc-en-ciel pour que l'âme des personnes le reçoive ; rayons de la paix, de la joie, de la miséricorde, de la patience… En sortant de la messe avec Jésus Eucharistie en nous, des âmes guérissent, des cœurs s'ouvrent, des personnes sont touchées.

Portons Jésus avec nous dans notre famille, chez des amis, dans le monde. Toute personne est à la recherche des rayons eucharistiques, du « prisme » et des couleurs de l'arc-en-ciel de l'Amour Eucharistique.

Dans le livre de la Genèse, le Seigneur dit :

> Je l'ai choisi pour qu'il ordonne à ses fils et à sa descendance de garder le chemin du Seigneur, en pratiquant la justice et le droit ; ainsi, le Seigneur réalisera sa parole à Abraham. *Genèse, chapitre 18, verset 19*

Dieu choisit des personnes afin que le chemin qui conduit à lui soit connu et respecté. Il veut que nous pratiquions la justice et le droit qui sont étroitement liés à son Amour. Et le Seigneur peut réaliser son dessein sur les êtres humains dans la mesure où nous voulons suivre le chemin de foi prescrit, à la suite de Jésus et voulu par lui.

Abraham, dont il est question dans le dernier passage, essaie de sauver son peuple, comme les prêtres essaient de sauver les âmes de leurs paroisses, comme les évêques essaient de sauver les âmes de leurs diocèses, comme le pape essaie de sauver les âmes de tout l'univers, grâce à Dieu, avec Dieu.

La foi des uns compte beaucoup pour le salut des autres. Mais plus Abraham vérifie la foi de sa communauté, plus il réalise que le nombre de personnes vraiment converti devient restreint. Il demande à Dieu de sauver son peuple. Abraham, compte les personnes qui ont la foi et dit :

« Peut-être s'en trouvera-t-il seulement dix ? » Et le Seigneur déclare : « Pour dix, je ne détruirai pas » *Genèse, chapitre 18, verset 32b*

la ville de Sodome.

Dieu ne peut pas détruire Sodome. C'est le peuple qui a la responsabilité de demeurer dans le salut promis par Dieu. Il peut aussi se détourner du Seigneur et se causer le malheur dû à la perte de son salut, provoqué par l'éloignement de Dieu.

C'est important de comprendre que même si Dieu nous offre tout de lui, il n'est pas responsable de notre décision. Nous sommes les seuls responsables de suivre Jésus ou non.

Chaque personne peut laisser ce qui est inutile et se décider à marcher avec Jésus. C'est une grâce à lui demander, car il est le seul qui peut nous garantir le salut. Ne pas le suivre, nous en éloigne.

Si le Seigneur pouvait

Moïse dit à Josué :

« Ah ! Si le Seigneur pouvait faire de tout son peuple un peuple de prophètes ! Si le Seigneur pouvait mettre son esprit sur eux ! » *Nombres, chapitre 11, verset 29*

Dieu le peut. Est-ce que le peuple le veut ? Recevoir son Esprit au Baptême, tout le monde le peut et le fait, habituellement. Mais, vivre selon la foi de son Baptême, cela demande une réflexion sérieuse et sage, un engagement sincère et réel. Cela demande de revenir de tout cœur à Dieu et le laisser nous animer de son Amour, afin que la foi devienne lumière dans notre vie et qu'elle passe par notre vie :

> Le Seigneur descendit dans la nuée pour parler avec Moïse. Il prit une part de l'esprit qui reposait sur celui-ci, et le mit sur les soixante-dix anciens. Dès que l'esprit

reposa sur eux, ils se mirent à prophétiser, mais cela ne dura pas.
Nombres, chapitre 11, verset 25

Dieu prend une part d'esprit de Moïse et le transmet sur les « soixante-dix anciens du peuple ». C'est une manière de dire que Dieu offre aux anciens un esprit de gouvernement qui se veut prophétique, semblable à celui qu'il a remis à Moïse.

Mais l'esprit ne reste pas sur eux, « cela ne continue pas ». Il manque quelque chose à ces personnes pour être vraiment uni à l'Esprit de Dieu et de le vivre pleinement. Pourtant, Dieu est présent avec ce peuple. Ils perdent l'esprit qu'il leur est remis parce qu'ils ne demeurent pas avec Dieu. Ils sont rendus ailleurs.

Cela veut dire que si nous nous éloignons de la grâce de Dieu, que nous recevons absolument, nous ouvrons la porte à toutes les évasions qui s'ensuivent. Le drame, c'est que nous pouvons délaisser la grâce. Le retour à Dieu sera pénible parce que nous aurons perdu nos points de repère. Il sera difficile pour nous de retrouver le chemin. Revenons rapidement à Dieu et soyons actifs dans la foi.

Moïse constate qu'il n'est pas simple pour les personnes de retenir sur elles ce que le Seigneur leur offre. Quoi faire avec les grâces que le Seigneur nous offre et comment les retenir pour les transmettre ensuite ?

Comment conserver la joie, la paix, l'espérance, l'amour, l'intelligence, la sagesse, la force, l'humilité ? Gardons l'Esprit Saint en nous. L'Esprit Saint a beau nous offrir toutes les grâces, nous avons la responsabilité de les vouloir, de les accueillir et de le laisser passer pour toucher le cœur des autres. Il est nécessaire et vital d'œuvrer en son nom. Lorsque nous sommes en marche avec l'Esprit, grâce à la foi, nous l'accueillons.

Rassemblons

Le Seigneur notre Dieu est rassembleur. Pendant la période de l'Ancien Testament, Dieu n'a jamais cessé de vouloir ramener le peuple dans son Alliance. Aujourd'hui, il a le même désir.

Même lorsque nous souffrons et que nous vivons des passages difficiles, Dieu est présent avec nous et il nous soutient de son Amour. Quand nous l'accueillons quotidiennement dans notre vie, la foi tellement nécessaire augmente et nous aide davantage au milieu des épreuves que nous subissons.

Puis, il y a la communauté. Dieu ne cesse d'inviter les communautés de foi vivantes à entrer dans son Intelligence et sa Sagesse, afin de nourrir aussi les personnes hors de l'Église. Le bien commun, c'est que toutes les personnes aient la chance de cheminer vers leur salut en Dieu. Toutes personnes, sans exception, doivent savoir que Dieu les aime.

Jésus a eu besoin de s'entourer de personnes comme les Apôtres. Il est nécessaire de nous entourer de personnes qui ont la foi. Nous avons lu que des foules suivent Jésus, veulent l'entendre et recevoir son enseignement. Jésus a aussi appris à Joseph et Marie comment devenir une sainte famille. La famille est la cellule de base pour la communauté.

Méditons en nos cœurs sur la délicatesse et la sagesse de Dieu envers chaque personne.

Là où nous sommes

Cheminement 83

Dieu a besoin d'évangélisateurs

Jésus est le Bon Berger qui rassemble les brebis d'Israël et du monde entier. Chaque brebis perdue, il veut la ramener au Père. Il ne veut pas qu'aucune ne se perde. C'est encore des prophètes qu'il envoie aujourd'hui. Il veut faire passer son message de liberté et de salut, par nous.

Aujourd'hui, là où nous sommes, nous sommes appelés à transmettre la Bonne Nouvelle de notre salut en Jésus-Christ. Nous sommes les personnes dont Jésus a besoin pour notre temps. Son Esprit va nous guider et nous partager son message, afin que le monde l'entende.

Jésus est là pour tout le monde, mais ce n'est pas tout le monde qui se donne les moyens pour rencontrer Jésus. Lorsque nous ne pouvons pas évangéliser des personnes près de nous, allons ailleurs à la recherche d'autres brebis. Œuvrons à temps plein, continuellement.

Souvent nous entendons dire que dans les familles et avec leurs propres enfants ce n'est pas facile de leur conserver la foi. Ce n'est pas le temps de devenir stationnaire et de se décourager. Cela ouvre plutôt la porte pour rejoindre d'autres personnes. Si nous rejoignons d'autres personnes, eux rejoindront possiblement les enfants de la famille, un jour. Pendant ce temps, notre foi soutient nos enfants. Demeurons toujours en mouvement. De toute manière, nous savons que Jésus est dans leur cœur.

Ne perdons pas espoir. Plaçons notre confiance en Jésus. De cette manière nous aurons partout des vocations, des personnes engagées qui annonceront la bonne nouvelle. Paul ne force personne, il va ailleurs :

Désormais, j'irai vers les païens. Quittant la synagogue, il alla chez un certain Titius Justus, qui adorait le Dieu unique ; sa maison était tout à côté de la synagogue. Crispus, chef de synagogue, crut au Seigneur, avec toute sa maison. Beaucoup de Corinthiens, apprenant cela, devenaient croyants et se faisaient baptiser. *Actes des Apôtres, chapitre 18, versets 6 à 8*

Jésus est avec nous. Nous voulons garder son Amour avec nous éternellement. Que notre peine de voir un monde chercher et ne pas trouver de berger se change en joie de pouvoir les rejoindre, personnellement, et de les évangéliser.

Que le monde sache que Dieu est Vivant et que le salut est passé pour chaque personne de chaque génération. C'est cette joie que nous sommes appelés à transmettre aux autres.

Les différents carrefours

Paul est familier avec nous, il est aussi un frère dans la foi avec Tite, à tel point qu'il se confie librement, simplement. Il lui dit et à nous aussi :

« Il [Dieu] a manifesté sa parole dans la proclamation de l'Évangile qui m'a été confiée par ordre de Dieu notre Sauveur. » *Paul à Tite, chapitre 1, verset 3*

Paul mentionne à Tite la proclamation de l'Évangile qui lui a été confié. La mission, « la foi vécue » commence par la méditation de la Parole, puis de vivre l'Eucharistie. La mission se transforme en évangélisation par « la foi partagée », par l'invitation au partage dans les carrefours.

Le carrefour est le lieu de la rencontre de foi avec une autre personne croyante ou non. Ce carrefour de la rencontre de foi est là où nous croisons une personne et que nous partageons la foi de manière spontanée, sans attendre en retour. Nous semons. Puis nous laissons au Seigneur le soin de continuer, par la suite, d'augmenter la foi dans la personne que nous avons croisée en chemin.

Cela ne veut pas nécessairement dire les carrefours aux coins des rues, quoique l'idée soit bonne, mais aussi aux carrefours de nos familles, de nos amis, au carrefour avec des personnes en classe, au travail ou dans les moments de loisir, dans d'autres quartiers de la ville, partout et pour tous.

Écoutons avec charité

Lorsque nous cheminons, nous remarquons qu'il y a toujours quelque part, souvent lorsque nous ne nous en attendons pas, une personne qui nous interpelle avec une question déconcertante. Notre première réaction serait de nous braquer sur nos défenses.

Si ce sont des personnes que nous reverrons et que, pour le moment, nous n'avons pas de réponse à leur question, nous pouvons leur dire : « Je considère ta question et je te reviens là-dessus plus tard ». Cela peut prendre une semaine, un mois, six mois, mais lorsque nous avons la réponse d'une personne compétente, nous pouvons y revenir avec une réponse.

Par exemple, une personne nous dit : « Pourquoi aller à l'église » ? Au lieu de ressortir des réponses défensives, prenons le temps d'y penser, trouver une réponse et ensuite y revenir avec la personne. Sa question, elle l'aura encore. L'écoute et l'accueil que nous réalisons, c'est une mission. La réponse que nous transmettons, si elle est d'à-propos et peut permettre à la personne de cheminer, c'est de l'évangélisation.

Laissons Jésus augmenter en nous la foi au point de devenir comme des arbres qui se laissent bercer au gré du vent et qui transmettent leurs fruits. Offrons les fruits de la foi au carrefour de ceux qui les cueillent.

Encourager dans l'effort

Paul nous rencontre au carrefour :

> Nous rendons grâce à Dieu au sujet de vous tous, en faisant mémoire de vous dans nos prières. Sans cesse, nous nous souvenons que votre foi est active, que votre charité se donne de la peine, que votre espérance tient bon en notre Seigneur Jésus Christ, en présence de Dieu notre Père. *1re lettre de Paul aux Thessaloniciens, chapitre 1, versets 2 à 3*

Il y a tout lieu de rendre grâce à Dieu pour les personnes qui persévèrent dans l'effort de cheminer dans la foi. Puis, Paul nous rappelle de prier les uns pour les autres. Il voit que la foi est en mouvement : « Votre foi est active. Votre charité se donne de la peine, votre espérance tient bon en notre Seigneur Jésus Christ, en présence de Dieu notre Père ». Nous pourrions aussi dire : « Notre charité se donne de la joie ! Mieux encore. La charité que nous recevons de Dieu et que nous partageons, nous remplit de joie et comble les autres de joie » !

Notre foi est active. Son mouvement devient de plus en plus contagieux. Que la charité se déploie au carrefour où il y a une rencontre de foi avec chaque personne, toujours dans la joie de partager la foi.

Jésus, lui, semble plus sévère que Paul, lorsqu'il s'adresse à certaines personnes :

« Malheureux êtes-vous, scribes et pharisiens hypocrites, parce que vous fermez à clef le Royaume des cieux devant les hommes. » *Matthieu, chapitre 23, verset 13*

Jésus ne dit pas : « Je vous rendrai malheureux », mais si nous suivons bien son raisonnement, cela pourrait ressembler à ceci : « Vous allez devenir malheureux, puisque vous n'ouvrez pas votre cœur à la présence de Dieu et pour cette raison, vous ne permettez pas aux autres de passer par la porte du Royaume des cieux. Vous ne leur offrez pas d'ouverture. Vous ne leur permettez pas de se nourrir. Ils attendent au pied de la porte et vous ne parlez pas de Jésus, de l'Amour de Dieu, de l'importance d'être unis à la Trinité ».

Continuons de laisser Jésus entrer dans notre cœur, afin qu'il puisse toucher le cœur des autres. Puisse Jésus passer totalement dans notre vie, puis jusqu'au cœur de celui qui le cherche.

Nous détenons leurs biens

Jean Chrysostome et Grégoire le Grand s'accordent bien lorsqu'ils parlent des richesses que nous avons. Nous avons tout reçu de Dieu gratuitement. Nous n'avons pas créé ce que nous possédons. Laissons la parole à ces deux grands de l'Église en fondation.

Premièrement, Jean Chrysostome nous dit : « Ne pas faire participer les pauvres à ses propres biens, c'est les voler et leur enlever la vie. Ce ne sont pas nos biens que nous détenons, mais les leurs » (*Laz. 1, 6 : PG 48, 992D*), (*Voir : Catéchisme de l'Église Catholique, numéro 2446, site internet : http://www.vatican.va/archive/FRA0013/_ P8A.HTM*)

Quels sont les biens que nous possédons ? Le premier bien, c'est la Parole de Dieu et l'Eucharistie. Il serait important de ressentir l'urgence de partager tout ce que Dieu nous a donné dans et par l'Église.

En deuxième viennent les amitiés. Souvent nos amitiés sont choisies et nous sommes bien ensemble. Nous sommes bien ensemble et nous nous refermons sur notre cercle d'amis. Ouvrir notre cercle d'amis n'est pas seulement bon pour nos contemporains, mais nous permet un grand bien, personnellement.

Ensuite vient le bien matériel. Nous le savons, puisque c'est le bien duquel nous parlons habituellement. Il est bien de partager sagement notre superflu aux personnes qui en ont réellement besoin.

Grégoire le Grand nous dit :

> Quand nous donnons aux pauvres les choses indispensables, nous ne leur faisons point de largesses personnelles, mais leur rendons ce qui est à eux. Nous remplissons bien plus un devoir de justice que nous n'accomplissons un acte de charité (*S. Grégoire le Grand, past. 3, 21*). (*Voir : Catéchisme de l'Église*

*Catholique, numéro 2446, site internet :
http://www.vatican.va/archive/FRA001
3/_P8A.HTM)*

Nous rendons aux autres ce qui leur appartient déjà. La connaissance de Dieu, la foi, les sacrements sont à tout le monde. Grégoire parle d'un acte de justice plutôt que d'un acte charité. Cela a plein de sens. Tout ce que nous recevons de Dieu est juste ; l'amour, la paix, la joie, le matériel. Dieu nous demande aussi la justice, qui est de partager aux autres ce que nous recevons, justement, de Dieu. C'est cela « être juste » envers l'humanité.

Jésus l'a déjà dit :

> Donnez, et l'on vous donnera : c'est une mesure bien pleine, tassée, secouée, débordante, qui sera versée dans le pan de votre vêtement ; car la mesure dont vous vous servez pour les autres servira de mesure aussi pour vous.
> *Luc, chapitre 6, verset 38*

Ce que nous offrons aux autres nous permet de devenir davantage amour. Simplement, parce que nous laissons l'Amour de Dieu passer de notre cœur au cœur des autres.

Laissons la Lumière de l'Esprit Saint nous submerger et devenons des éclaireurs pour l'entourage.

Mon bien-aimé

Mon enfant bien-aimé. C'est de cette manière que Paul appelle son disciple Timothée :

« Mon enfant bien-aimé. » *2e lettre de Paul Apôtre à Timothée, chapitre 1, verset 2a*

Paul lui souhaite tout ce qu'il y a de meilleur :

« À Timothée, mon enfant bien-aimé. À toi, la grâce, la miséricorde et la paix de la part de Dieu le Père et du Christ Jésus notre

Seigneur. » *2ᵉ lettre de Paul Apôtre à Timothée, chapitre 1, verset 2*

N'est-ce pas ce que l'Esprit Saint nous dit à nous ?

Dans les familles, il y a souvent de ces mots tendres entre un parent et son enfant et entre un enfant et ses parents. C'est aussi vrai entre amis. Les paroles qui viennent du cœur sont une retransmission du bien reçu de Dieu.

Comme pour Timothée, après qu'un disciple est bien encadré et soutenu dans la connaissance des réalités du ciel et qu'il vit une relation personnelle avec Jésus, il est envoyé, il devient évangélisateur :

« Allez ! Voici que je vous envoie comme des agneaux au milieu des loups. Ne portez ni bourse, ni sac, ni sandales, et ne saluez personne en chemin. » *Luc, chapitre 10, versets 3 à 4*

« Des agneaux au milieu des loups » veut dire que nous devons être bien préparés pour devenir de réels missionnaires. Des agneaux oui, mais des agneaux qui ont déjà une expérience de base.

Jésus n'envoie pas n'importe qui. Ce sont des personnes qui le suivent déjà, qui étudient ce qu'il enseigne, des personnes qui sont conscientes de la réalité des autres vivants dans leur milieu. Ce sont des personnes qui sont en mission assez longtemps qu'ils en développent le désir d'évangéliser.

Que le Seigneur nous prépare pour rejoindre les personnes dans le respect et la charité, hors des murs de notre église et, bien sûr, dans les églises paroissiales.

Brebis < Jésus > loups

Jésus dit aux personnes qui veulent évangéliser : « Voici que moi, je vous envoie comme des brebis au milieu des loups. »

Comme première impression, cela ne semble pas très réconfortant. Pourquoi Jésus nous enverrait-il au milieu des loups, comme les brebis qui n'ont pas de défenses ? Pourtant l'image est très forte.

Nous devons alors réaliser un discernement de ce que les brebis sont incapables de faire. Lorsque les brebis sont dans l'enclos, tout va bien, mais un éleveur n'enverrait pas ses animaux au milieu des loups.

Or, Jésus nous met en garde et nous invite à la prudence et au discernement. C'est comme s'il nous disait de bien prendre le temps, réfléchir, nous habituer à observer le monde dans lequel nous sommes pour bien réagir et pour bien répondre aux personnes qui sont sur la même route que nous.

Mais au-delà de toutes les précautions que nous pouvons nous donner pour bien nous lancer en mission, il est vital que Jésus soit le premier devant nous. Jésus doit être le centre, le sommet et la base de tout ce que nous sommes appelés à réaliser dans le monde. Laissons à Jésus sa place au centre, entre nous et le loup. Nous (brebis) < Jésus > loup.

Jésus est notre protection si nous le prions, si nous évangélisons avec lui, si nous lui laissons toute la place pour toucher les cœurs. Toute mission commence avec Jésus, se réalise avec Jésus et se continue avec Jésus.

Tout ce que nous pouvons apprendre de Jésus et tous les moyens que Jésus nous offre sont majeurs pour une mission digne d'un enfant de Dieu, d'un disciple qui est comme une brebis envoyé au milieu des loups d'aujourd'hui. Ayons confiance en Jésus et osons prendre le chemin avec lui pour la gloire de Dieu et le salut du monde.

Cependant, si nous nous éloignons de Jésus, nous donnons prise aux loups de ce monde ; drogues, divination, possessions, etc. De plus, tout ce que nous essayons de régler, de posséder, de manipuler, de détruire par nous-mêmes, sont les loups qui nous guettent dès que nous sortons de l'enclos de celui qui veille sur nous.

Et pire encore, nous irons dire que c'est de la faute à Jésus, qu'il n'est pas avec nous. Dès que cette pensée surgit en nous, prenons-la comme un signal important. Il est temps de nous détourner du mal et de revenir près de Jésus. Revenons rapidement et laissons-nous aimer à nouveau. Lâchons prise de tout ce qui nous retient et de tout ce que nous voulons faire, sans lui. Laissons Jésus nous défendre. Il est le seul qui peut nous protéger et nous sauver.

L'éloignement

Parfois nous déménageons, nous allons ailleurs. Continuons de suivre Jésus et de vouloir rejoindre les nouvelles personnes, humblement. C'est l'occasion d'évangéliser un nouveau territoire.

Soyons davantage motivés de proclamer que Jésus est le Seigneur :

> La nouvelle parvint aux oreilles de l'Église de Jérusalem, et l'on envoya Barnabé jusqu'à Antioche. À son arrivée, voyant la grâce de Dieu à l'œuvre, il fut dans la joie.
>
> Il les exhortait tous à rester d'un cœur ferme attachés au Seigneur. C'était en effet un homme de bien, rempli d'Esprit Saint et de foi. Une foule considérable s'attacha au Seigneur. *Actes des Apôtres, chapitre 11, versets 22 à 24*

Jésus nous le rappelle de nous attacher à lui :

« Mes brebis écoutent ma voix ; moi, je les connais, et elles me suivent. » *Jean, chapitre 10, verset 27*

Les brebis de Jésus le suivent. Là où nous avons les deux pieds, suivons Jésus. C'est simple. Les brebis qui écoutent la voix de Jésus deviennent des personnes qui transmettent sa voix, afin que le monde le connaisse et s'y laisse guider. C'est la plus grande des missions, recevoir la voix de Jésus et la transmettre. Suivre la voie de Jésus et la signaler. Connaitre la vérité de Jésus et la faire découvrir.

Une autre raison pour recevoir la voix de Jésus, c'est qu'elle nous transforme de l'intérieur. La voix de Jésus que nous accueillons nous transmet la paix et la joie. Sa voix nous soutient dans les moments les plus difficiles de l'existence.

Lorsque nous accueillons la voix de Jésus, Jésus nous unit à lui. Et comme Barnabé s'est réjoui des membres de la communauté, Jésus se réjouit avec nous, puisqu'il reconnait sa présence en nous.

Marie est la personne par excellence qui a reçu Jésus en elle, Parole, chair et royauté de Jésus. Portons Jésus en nous et partageons la joie.

Donnez-leur à manger

Écoutons la recommandation de Jésus à l'intention des Apôtres :

> L'endroit est désert et l'heure est déjà avancée. Renvoie donc la foule : qu'ils aillent dans les villages s'acheter de la nourriture ! Mais Jésus leur dit : « Ils n'ont pas besoin de s'en aller. Donnez-leur vous-mêmes à manger. » *Matthieu, chapitre 14, versets 15 à 16*

C'est désolant de constater, encore en notre temps, la quantité énorme de nourriture produite et qu'il y ait encore des personnes qui meurent de faim en des lieux géographiques précis.

La responsabilité de nourrir l'humanité ne doit pas être seulement sur le dos des présidents ou des gouvernants. La responsabilité nous revient à chacun de nous et c'est à nous d'informer les gouvernants de notre volonté de nourrir chaque personne, partout.

Par exemple, au lieu d'envoyer de grandes sommes d'argent, envoyons plutôt des camions remplis de grains et de tout ce que nous avons en trop. La nourriture que chaque épicerie ou restaurant rejette, mais qui est encore comestible, pourrait être réfrigéré et envoyé dans les pays pauvres. Il y a aussi des pauvres près de nous.

Cette nourriture ne nécessite pas une dépense additionnelle puisque nous l'avons déjà. Mais, le transport coûte de l'argent. Ce serait l'unique dépense. Et le transport donnerait du travail à un bon nombre de personnes.

Jésus reconnait le besoin du corps. Il parle aussi d'une autre nourriture. Dieu seul peut réellement nourrir le peuple. Il nous demande de nous aider mutuellement et de nourrir le peuple pour la survie du corps. Mais Jésus seul peut, de sa vie, nourrir l'âme, le corps et l'esprit des humains. Ce que nous recevons de la Parole et de l'Eucharistie est pour l'éternité.

Nous nous sommes habitués à entendre que « toute bonne chose a une fin ». Mais en réalité, toute bonne chose a une… continuité… en Dieu.

La présence authentique, sympathique, joyeuse et réconfortante entre personnes est un bien précieux qui se partage éternellement. L'amitié spirituelle appuyée sur l'Amour de Jésus-Christ est une nourriture indispensable, complète. La foi reçue et partagée que la Trinité nous offre est un soutien pour continuer la route. C'est cela devenir juste.

Que Dieu soit béni pour toutes les personnes qui se dévouent en de nombreuses heures et qui sont conscientes que ce ministère est vital pour l'humanité.

L'accueil, le soutien, les conseils et les recommandations des aînés sont aussi indispensables. Que le Seigneur continue de combler en abondance et transformer les cœurs, toujours davantage, par son Amour actif et intime. Nous avons de multiples raisons de nous aimer en Jésus.

Rendons grâce à Jésus-Christ, lui qui nous donne sa nourriture pour la vie éternelle. Que Jésus nous comble de son Amour.

Aimons la Parole

S'il y a un temps dans l'histoire de l'Église où l'évangélisation est la plus difficile et où le défi est très grand, c'est bien lorsque Paul et les Apôtres commencent à évangéliser. Ils sont déterminés à transmettre la Bonne Nouvelle.

Dans le livre des Actes des Apôtres, ils ressentent bien la joie des petites réalisations quotidiennes :

« La parole de Dieu était féconde et se multipliait. » *Actes des Apôtres, chapitre 12, verset 24*

Et :

« il y avait dans cette Église d'Antioche des prophètes et des hommes chargés d'enseigner. » *Actes des Apôtres, chapitre 13, verset 1*

Deux points importants. Lorsque la Parole de Dieu est transmise, elle féconde les cœurs et multiplie les vocations et les membres dans l'Église.

Ensuite, ce qui est préalable pour que la Parole soit partagée, cela prend des personnes qui l'enseignent. Aujourd'hui aussi, il est important que des personnes partagent la parole et interpellent d'autres à la partager. Plus la Parole de Dieu sera connue et aimée, plus elle se transmettra de cœur en cœur.

En Église

Cheminement 84

Jésus sauve

Jésus nous dit :

« Si quelqu'un entend mes paroles et n'y reste pas fidèle, moi, je ne le juge pas, car je ne suis pas venu juger le monde, mais le sauver. » *Jean, chapitre 12, verset 47*

Il se peut qu'une personne n'adhère pas à la Parole de Jésus. Cela est très dommage, puisque la Parole de Jésus est Esprit et Vie. Jésus le dit clairement qu'il n'est pas venu pour juger les personnes, mais pour les sauver.

Cela veut dire que chaque personne détient elle-même la décision de suivre Jésus ou non.

Jésus ne condamne pas, il ne juge pas, c'est la personne qui jugera de sa réponse à Dieu. Mais, il est quand même étrange qu'une personne, en connaissance de cause, refuse l'Amour de Dieu.

Nous sommes invités à prier pour toutes les personnes dans le monde qui ne connaissent pas encore le Seigneur.

Les Apôtres sont en mission. Ils deviennent même étourdissants pour les responsables du Temple, comme il est écrit :

« Ils étaient excédés de les voir enseigner le peuple et annoncer, en la personne de Jésus, la résurrection d'entre les morts. » *Actes des Apôtres, chapitre 4, verset 2*

Les Apôtres ont très bien compris ce que Jésus leur demande. Aller partout et annoncer la Bonne Nouvelle.

De plus, les responsables du Temple n'aimaient pas trop les guérisons qui se produisaient. Ils craignaient possiblement que cette Bonne Nouvelle soit la cause de l'augmentation de la population chrétienne.

Ils essaient de prévenir la propagation des chrétiens comme nous essaierions d'empêcher l'amour de rejoindre le cœur. Mais c'est impossible :

« Ils font amener Pierre et Jean au milieu d'eux et les questionnent : "Par quelle puissance, par le nom de qui, avez-vous fait cette guérison ?" » *Actes des Apôtres, chapitre 4, verset 7*

 Pierre répond :

« C'est par le nom de Jésus. » *Actes des Apôtres, chapitre 4, verset 10*

Encore une fois, ces questions nous offrent des réponses éclairantes. Jésus est mort, mais il est très vivant. Il est normal pour lui d'être dans le cœur et dans la foi des Apôtres.

Les Apôtres pensent possiblement à l'instant à cette Parole dite par Jésus :

« "Jetez le filet à droite de la barque, et vous trouverez." Ils jetèrent donc le filet, et cette fois ils n'arrivaient pas à le tirer, tellement il y avait de poissons. » *Jean, chapitre 21, verset 6*

Continuer à évangéliser et guérir les cœurs au nom de Jésus est le moyen de rassembler les chrétiens et d'en augmenter le nombre.

Jésus nous invite à la même mission. Nous sommes remplis de la présence de Dieu et Jésus nous encourage à répandre sa Bonne Nouvelle.

L'avantage

Paul a une qualité d'évangélisation qui est à étudier plus profondément. Il sait prendre des situations normales de la vie et les tourner à son avantage ou plutôt à l'avantage de la personne qui peut se laisser convertir.

Paul fait ce discours au milieu de l'Aréopage :

> Athéniens, je peux observer que vous êtes, en toute chose, des hommes particulièrement religieux. En effet, en me promenant et en observant vos monuments sacrés, j'ai même trouvé un autel avec cette inscription : « Au dieu inconnu ». *Actes des Apôtres, chapitre 17, versets 22 à 23*

À Athènes, en Grèce, ils ont des « croyances » à plusieurs « dieux ». Ils ont déjà fait la réflexion qu'il doit y avoir « un dieu inconnu » qui est supérieur, qui a fait plus que tous les autres dieux qu'ils connaissent. Mais Dieu, le Dieu inconnu d'eux, qu'ils ne connaissent pas, Paul le connait.

Paul est observateur. Il remarque un autel qui porte l'inscription : « Au dieu inconnu ». Il profite de l'occasion. En disant la vérité, il permet à certains de ses interlocuteurs de réaliser un pas dans la foi.

Paul les entretient sur le Dieu qu'ils recherchent :

> Or, ce que vous vénérez sans le connaitre, voilà ce que, moi, je viens vous annoncer. Le Dieu qui a fait le monde et tout ce qu'il contient, lui qui est Seigneur du ciel et de la terre, n'habite pas des sanctuaires faits de main d'homme ; il n'est pas non plus servi par des mains humaines, comme s'il avait besoin de quoi que ce soit, lui qui donne à tous la vie, le souffle et tout le nécessaire.
> *Actes des Apôtres, chapitre 17, versets 23b à 25*

Ce bout de phrase est intéressant : « Il n'est pas non plus servi par des mains humaines, comme s'il avait besoin de quoi que ce soit. » Dieu est souverain et n'a pas besoin d'une aide. Jésus n'est pas venu pour être servi, mais pour servir. C'est lui qui nous Aime et nous aide à servir le prochain.

Paul semble dire pourtant un mot de trop :

> « Quand ils entendirent parler de résurrection des morts, les uns se moquaient, et les autres déclarèrent : "Là-dessus nous t'écouterons une autre fois." » *Actes des Apôtres, chapitre 17, verset 32*

Plusieurs d'entre eux acceptent difficilement que Dieu puisse avoir vécu soit mort et qu'il soit ressuscité.

Tout n'est pas perdu :

« Cependant quelques hommes s'attachèrent à lui et devinrent croyants. » *Actes des Apôtres, chapitre 17, verset 34*

Ce qui compte dans l'enseignement de Paul, c'est que des gens se sont convertis à cause de son intervention. Parfois, en disant la vérité, même d'une manière respectueuse et sensible, des personnes ne veulent pas l'entendre, mais quelques-uns peuvent vouloir en connaitre davantage.

De là l'importance d'évangéliser la Bonne Nouvelle. Une seule personne qui se convertit pourra participer à l'évangélisation et conduire d'autres personnes à la foi.

Jésus nous dit :

« Quand il viendra, lui, l'Esprit de vérité, il vous guidera vers la vérité tout entière. » *Jean, chapitre 16, verset 13*

Jésus est la vérité qui nous libère. L'Esprit nous guidera vers les personnes et nous enseignera à leur parler de la foi en Jésus.

Dans le monde et dans l'Église

Nous sommes vraiment dans deux mondes distincts. D'un côté, il y a le monde social par lequel nous partageons notre réalité de tous les jours. Et de l'autre côté, il y a le monde de foi en Jésus-Christ. Il ébranle et ajuste véritablement tout ce que nous disons et tout ce que nous faisons.

Nous peinons à créer un équilibre entre ces deux mondes. Mais il est nécessaire d'essayer d'ajuster ce qui est naturel à l'être humain, à la réalité de la vie éternelle, en la Trinité.

Isaïe constate ce que Dieu fait en nous :

« Immuable en ton dessein, tu préserves la paix, la paix de qui s'appuie sur toi. » *Isaïe, chapitre 26, verset 3*

Placer notre vie en Dieu nous procure la paix dans le monde social et la confiance en Dieu au cœur des fidèles de l'Église.

Lorsque nous sommes dans le monde social et que nous gardons notre cœur uni à Dieu, il nous assure de sa paix. Sa paix se transmet dans l'invisible. Si nous ne ressentons pas cette paix, demandons-nous si nous amenons Dieu au cœur de nos relations humaines.

Cette paix se ressentira davantage dans l'Église, puisque chaque personne la recherche. Mais il se peut aussi que dans l'Église, des personnes ne soient pas en paix. Heureusement, elles sont au bon endroit pour l'acquérir davantage.

Une personne va dire : « Je ne vais pas à l'église, parce qu'il y a des personnes qui y vont et ensuite elles parlent dans le dos des autres, contre les autres » ! Pensons-y bien, c'est heureux qu'elles aillent à la messe ! Imaginons si elles n'y allaient pas. Ou plutôt, n'imaginons pas, cela pourrait sembler pire. Elles savent qu'elles ne sont pas parfaites. Elles peuvent ainsi cheminer et avancer progressivement vers la paix, grâce à l'enseignement qu'elles reçoivent dans l'Église.

Puis Isaïe conclut en disant :

« Prenez appui sur le Seigneur, à jamais, sur lui, le Seigneur, le Roc éternel. » *Isaïe, chapitre 26, verset 4*

Que nous soyons dans le monde ou dans l'Église, plaçons notre confiance en Dieu qu'il changera les cœurs, le nôtre, puis celui des personnes.

Demandons au Saint-Esprit qu'il soit dans toutes nos relations, dans chacune de nos réunions, dans chacune de nos rencontres et notre cité se construira sur le roc. Demandons-le chaque jour :

« Celui qui entend les paroles que je dis là et les met en pratique est comparable à un homme prévoyant qui a construit sa maison sur le roc. » *Matthieu, chapitre 7, verset 24*

Construisons avec Jésus. Demandons à Jésus, chaque jour, d'être actif en notre cœur, puis jusqu'aux cœurs des personnes que nous rencontrons.

Œuvrer en Église

Paul et Timothée ont une très belle relation. Paul a confiance en lui. Il veut aussi lui éviter de se laisser prendre au piège par une personne qui lui a fait beaucoup de trouble. Il lui confie :

« Alexandre, le forgeron, m'a fait beaucoup de mal. » *2ᵉ lettre de Paul à Timothée, chapitre 4, verset 14*

Parfois, il est vrai, il y a des pièges sur la route, quoique ces pièges ne viennent pas tous de l'extérieur. Parfois nous nous piégeons nous-mêmes.

Cela se produit aussi, lorsque nous œuvrons avec des personnes. Il est possible qu'il y en ait quelques-unes qui cherchent à nous placer des bâtons dans les roues.

Que nous œuvrions dans l'Église ou travaillions dans le monde, il y aura toujours des défis à relever. Mieux vaut relever ces défis avec Jésus.

C'est ce que mentionne Paul, lorsqu'il passe du temps à la cour :

> La première fois que j'ai présenté ma défense, personne ne m'a soutenu : tous m'ont abandonné. Que cela ne soit pas retenu contre eux. Le Seigneur, lui, m'a assisté. Il m'a rempli de force. *2ᵉ lettre de Paul à Timothée, chapitre 4, versets 16 à 17*

Jésus nous assiste lorsque nous demeurons dans la foi, puisque nous sommes attentifs à lui.

Jésus sait que nous allons dans des milieux qui ne sont pas toujours amicaux. Mais il sait que l'évangélisation est nécessaire. Il nous invite à demander la bénédiction de Dieu sur les maisons et en chaque personne. Voici quelques recommandations :

> « Dans toute ville où vous entrerez et où vous serez accueillis, mangez ce qui vous est présenté. Guérissez les malades qui s'y trouvent et dites-leur : "Le règne de Dieu s'est approché de vous." » *Luc, chapitre 10, versets 8 à 9*

Être un ami de Paul devait être assez particulier. Se tenir, comme pour Barnabé, un autre frère, avec cet évangélisateur, devait être une expérience nouvelle et fascinante. Il aurait été intéressant de savoir tout ce qui aurait pu être dit et partagé pendant le ministère de Paul :

> Pendant toute une année, ils participèrent aux assemblées de l'Église, ils instruisirent une foule considérable. Et c'est à Antioche que, pour la première fois, les disciples reçurent le nom de

"chrétiens." *Actes des Apôtres, chapitre 11, verset 26bc*

Nous pouvons revivre aujourd'hui ce que Paul, Barnabé et leurs compagnons ont vécu. Nous avons un monde complet à évangéliser. C'est une grâce pour notre temps et pour nous, d'en être conscients.

Nous pouvons passer dans le monde en annonçant la Bonne Nouvelle à notre entourage et avoir la confiance des premiers chrétiens que Dieu est avec nous.

Jésus nous dit comme il le dit aux Apôtres :

> Sur votre route, proclamez que le royaume des Cieux est tout proche. Guérissez les malades, ressuscitez les morts, purifiez les lépreux, expulsez les démons. Vous avez reçu gratuitement : donnez gratuitement. *Matthieu, chapitre 10, versets 7 à 8*

Nous pouvons aussi trouver des moyens pour être charitables, parler positivement des personnes, offrir des prières pour leur salut, devenir plus actifs dans différents milieux pour qu'il y ait une plus grande justice et solidarité. La justice, c'est que le monde soit juste avec ce qu'il reçoit de Dieu.

Nous avons reçu beaucoup et nous pouvons demander au Saint-Esprit de nous aider à découvrir ce qui, en nous, représente une des nombreuses actions évangéliques du Christ.

Quel aspect de Jésus le Saint-Esprit veut-il développer en nous ? Aimer, aider, soutenir, guérir, partager notre foi, visiter les malades, faire l'aumône... Chaque personne a au moins un aspect important qui la caractérise et la conforme à la volonté du Christ. Cette conformation au Christ nous libère réellement.

Demandons à Jésus de venir en nous pour nous transformer davantage. Qu'il nous envoie sur la route pour annoncer la libération et la joie d'être aimés de Dieu !

Une personne qui a une mission d'évangélisation comprend l'importance de la Parole, des sacrements, de la prière et de l'action évangélisatrice au milieu du peuple.

Parfois, il peut y avoir des épreuves assez cuisantes. Mais l'audace et la persévérance que donne le Seigneur à une seule personne comme il l'a fait avec Marie, Pierre et Paul, par exemple, ont permis à une multitude de personnes de se convertir depuis des générations et pour des générations à venir.

Demandons à Jésus d'augmenter notre foi, afin que nous ayons autant d'élan audacieux à évangéliser notre génération, pour le salut du monde et pour la gloire de Dieu.

La noblesse du travail

Combien de temps est dépensé au travail, combien de dialogues y a-t-il entre deux employés sur de multiples sujets ? Cela peut aussi devenir une occasion d'implanter doucement et progressivement un sujet important de la foi.

Dans la Genèse, Dieu dit que nous allons travailler à la sueur de notre front. Mais cette réalité s'est produite après que l'humain se soit caché de Dieu.

De fait, lorsque nous avançons avec Jésus, ce n'est plus un travail, encore moins à la sueur de notre front, cela devient une vocation. Nous œuvrons, quoique cela représente du temps et de l'énergie. Mais c'est tout de même différent, avec Jésus.

Lorsque nous sommes en mission avec Jésus, ce n'est plus un travail, c'est de laisser Dieu être Dieu dans notre vie, c'est laisser à Jésus être dans notre cœur et de partager son Amour avec les autres. Quelle douceur ! Pour le reste du travail, oui, c'est à la sueur de notre front.

Plus nous réaliserons sa volonté, plus nous allons découvrir Jésus dans notre vie et dans celle des autres.

En devenant des ouvriers de Jésus, à œuvrer, nous aidons le monde à le trouver. Il serait bien que chaque personne ait un petit quelque chose à réaliser, tout simple, pour l'évangélisation dans leur milieu. Seulement par la prière, nous participons à l'évangélisation. Il y a aussi d'autres moyens. Le Seigneur embauche tout le temps. Faisons-lui la demande d'œuvrer à sa vigne.

Il est écrit :

« Ils s'en allèrent proclamer partout l'Évangile. Le Seigneur travaille avec eux et confirme la Parole par les signes qui l'accompagnent. » *Marc, chapitre 16, verset 20*

Dès que nous pensons aux personnes de notre entourage qui ne cheminent pas, qui ne prient pas, qui ne vont pas à la messe, Jésus nous invite à la mission. Il nous offre l'Esprit Saint, afin que nous soyons des petits allumeurs de feu de joie dans les cœurs.

Nous pouvons prier pour ses personnes, les remettre à Jésus, les aimer à distance. Et surtout leur envoyer le Saint-Esprit chaque jour qui nous est donné pour transformer leur vie et pour embellir leur cœur.

L'Esprit Saint est la brise d'air frais que nous pouvons envoyer aux personnes que nous aimons, à nos enfants, pour que l'oxygène de leur foi se dépollue et s'éclaircisse.

Que l'Esprit Saint envahisse chaque personne que nous aimons.

Proclamez

Jésus leur dit :

« Allez dans le monde entier. Proclamez l'Évangile à toute la création. » *Marc, chapitre 16, verset 15*

Jésus envoie en mission tous les Apôtres, afin qu'ils proclament la Bonne Nouvelle. C'est ce qu'ils feront. Nous en avons la preuve dans les Actes des Apôtres.

Le texte parle de l'assurance de Pierre et de Jean devant les questions des responsables du temple. Ils sont des personnes sans instruction, sauf celle qu'ils ont reçue de Jésus. Les membres du grand conseil d'Israël délibèrent entre eux :

> Constatant l'assurance de Pierre et de Jean, et se rendant compte que ce sont des hommes sans culture et de simples particuliers, ils sont surpris ; d'autre part, ils reconnaissent en eux ceux qui sont avec Jésus. Mais comme ils voient, debout avec eux, l'homme qui a été guéri, ils ne trouvent rien à redire. *Actes des Apôtres, chapitre 4, versets 13 à 14*

Les responsables du temple ne savent plus quoi faire :

« Qu'allons-nous faire de ces gens-là ? Il est notoire, en effet, qu'ils ont opéré un miracle ; cela fut manifeste pour tous les habitants de Jérusalem, et nous ne pouvons pas le nier. Mais pour en limiter la diffusion dans le peuple, nous allons les menacer afin qu'ils ne parlent plus à personne en ce nom-là. » Ayant rappelé Pierre et Jean, ils leur interdirent formellement de parler ou d'enseigner au nom de Jésus. *Actes des Apôtres, chapitre 4, versets 16 à 18*

Mais rien ne peut arrêter les Apôtres et ils vont continuer à évangéliser. Continuons nous aussi à parler de Jésus.

Différents milieux

L'Église Catholique est spéciale. Ses membres sont dispersés partout sur la planète et dans l'univers. Ils s'intègrent dans les différents milieux.

Avec l'Église qui nous transmet tout ce dont nous avons besoin pour suivre Jésus, nous sommes entre de bonnes mains. Même si nous sommes dispersés, nous sommes rassemblés par la Croix et la Résurrection du Christ. Le Christ veut que nous soyons unis avec lui, le Père et l'Esprit Saint.

Semons largement

« À semer trop peu, on récolte trop peu ; à semer largement, on récolte largement. » *2e lettre de Paul aux Corinthiens, chapitre 9, verset 6*

C'est Paul qui nous dit cela ! C'est vrai dans le jardin comme dans la vie. Plus nous semons ce que nous avons et ce que nous sommes, aussi petite soit la semence, plus nous récoltons ou d'autres récolterons le fruit de notre labeur. Vérifions que nous recevons tout de Jésus :

« Jésus Christ : lui qui est riche, il s'est fait pauvre à cause de vous, pour que vous deveniez riches par sa pauvreté. » *2e lettre de Paul aux Corinthiens, chapitre 8, verset 9*

Jésus nous le confirme, il sait que le Père va nous le rendre au centuple :

> Quand tu jeûnes, parfume-toi la tête et lave-toi le visage ; ainsi, ton jeûne ne sera pas connu des hommes, mais seulement de ton Père qui est présent au plus secret ; ton Père qui voit au plus secret te le rendra. *Matthieu, chapitre 6, verset 17*

Offrons ce qu'il y a de plus précieux pour une mission qui est précieuse aux yeux de Dieu, pour le salut de toutes personnes. Dieu nous rend selon ce que nous offrons de lui.

L'Amour se transmet

Les saints donnent librement :

« Qui aime sa vie la perd ; qui s'en détache en ce monde la gardera pour la vie éternelle. » *Jean, chapitre 12, verset 25*

L'Amour de Dieu ne coûte rien. Il se transmet toujours dans la liberté et il rejoint la liberté de la personne qui le reçoit.

Nous sommes invités à offrir le 100 % de ce que nous recevons de Dieu. Si nous pensons que nous ne pouvons pas donner beaucoup, donnons le 100 % du peu que nous pouvons offrir. Le Seigneur sera heureux puisque nous donnons le maximum de ce que nous sommes :

Dieu aime celui qui donne joyeusement. Et Dieu est assez puissant pour vous donner toute grâce en abondance, afin que vous ayez, en toute chose et toujours, tout ce qu'il vous faut, et même que vous ayez en abondance de quoi faire toutes sortes de bien. *2ᵉ lettre de Paul aux Corinthiens, chapitre 9, versets 7 à 8*

C'est assez spécial que nous ayons tant de grâces et en surabondance, parce que Dieu ne sait pas compter. Il donne en trop, et après avoir tout donné, nous en avons encore en superflu pour faire toutes sortes de bien.

Pour les enfants, lorsqu'ils partagent leurs bonbons, les bonbons disparaissent vite. Plus ils en partagent, moins ils en ont et le petit sac se vide. C'est différent pour ce que Dieu nous donne. Nous avons beau partager l'Amour de Dieu et plus nous le partageons, plus nous en recevons. Puis, nous en avons encore et encore.

Beaucoup de saintes personnes que nous avons croisées nous ont démontré par leur vie que l'Amour de Dieu était possible et facile à partager. C'est ce qu'il y a de plus simple à offrir. Leur cœur était gonflé de la sève divine qui déborde sur leur entourage.

Il n'est pas question d'épreuves de force ou de nous épuiser à trop vouloir convertir le monde, dans ce que Jésus nous propose, mais bien de partager ce que lui-même nous offre, simplement, pour la foi des personnes.

Aimer sa vie, c'est égoïste, c'est la prendre strictement pour soi. Mais offrir ce que nous recevons de Dieu, être juste, c'est devenir de plus en plus généreux avec l'Amour que nous recevons de lui. Plus nous avons d'expérience à transmettre ce que Dieu nous donne, plus nous développons des moyens pour qu'il passe par nous, jusqu'au cœur des personnes.

Nous sommes créés pour offrir l'Amour de notre vie, l'Amour de Dieu, en abondance. Le partage des grâces (*l'évangélisation*) que nous recevons de Dieu, c'est la mission par excellence.

L'Amour qui nourrit et abreuve notre vie, lorsqu'elle est vécue joyeusement, procure du bon fruit en abondance. Toutes les personnes peuvent venir se nourrir et s'abreuver à notre arbre rempli de fruits. Puis, nous leur dirons que ces fruits sont fournis par Dieu, pour les nourrir.

Là, où nous sommes

Connaitre Jésus

Cheminement 85

Portons le message

Nous sommes des chrétiens qui portons un message de liberté, un message de fraternité, de joie et d'Amour pour tous :

« Je suis la lumière du monde. Celui qui me suit ne marchera pas dans les ténèbres, il aura la lumière de la vie » *Jean, chapitre 8, verset 12*

et la transmettra comme une lumière dans un lampadaire qui éclaire le chemin. Chaque chrétien uni à Jésus éclaire la route des autres vers le même but, le Royaume de Dieu.

Si nous savions que la richesse se trouve dans le Cœur de Dieu !

Prions pour les chrétiens persécutés dans le monde. Parfois, ils ne veulent qu'éliminer une religion qui n'est pas comme la leur et qu'ils ne connaissent pas. Parfois, c'est parce que les chrétiens parlent un langage de libération et de partage et cela ne plaît pas à quelques-uns. S'ils savaient que l'ultime richesse se trouve dans le Cœur de Dieu. L'Amour et la richesse dans le Cœur de Dieu n'enlève rien à personne de ce monde.

Il y a un aveugle assis au bord de la route près de Jéricho et il entend une foule arriver :

> Il s'informe de ce qu'il y a. On lui apprend que c'est Jésus le Nazaréen qui passe. Il s'écrie : « Jésus, fils de David, prends pitié de moi ! » Ceux qui marchent en tête le rabrouent pour le faire taire. Mais lui crie de plus belle : « Fils de David, prends pitié de moi ! » Jésus s'arrête et il ordonne qu'on le lui amène. Quand il s'approche, Jésus lui demande :

« Que veux-tu que je fasse pour toi ? » Il répond : « Seigneur, que je retrouve la vue. » Et Jésus lui dit : « Retrouve la vue ! Ta foi t'a sauvé. » *Luc, chapitre 18, versets 36 à 42*

Il a reçu beaucoup plus que la vue. Son désir que Jésus le touche a augmenté sa foi. Remarquons que cet homme a poussé sa propre volonté à rejoindre Jésus.

Prions pour que la foi augmente dans le monde et spécialement chez nous, afin que la lumière du Christ ressuscité éclaire notre chemin de vie et de foi, et spécialement celui de nos contemporains.

Vivre l'Eucharistie, recevoir la Parole, c'est l'Église des chrétiens qui entrent dans la joie de leur Maître.

Rendre le Christ présent

Quels sont les biens reçus de Dieu que nous pouvons gaspiller et perdre ? Le premier bien est l'Amour de Dieu. Nous n'en sommes pas toujours conscients de l'Amour de Dieu que nous avons en nous.

Lorsque nous dormons, lorsque nous mangeons, lorsque nous travaillons, lorsque nous fêtons, lorsque nous veillons, nous avons toujours l'opportunité de rendre le Christ présent en nous, en pensant à Lui.

Parfois nous gardons l'Amour de Dieu pour nous. Ou bien nous ne savons pas comment le partager. Mais, juste prendre conscience que Jésus est avec nous nous apaise et cela peut rejoindre les autres. Ils vont ressentir que nous ne sommes pas seuls dans la vie et que nous sommes dans la paix. Et c'est vrai, nous sommes accompagnés de la Présence de l'Esprit Saint. Il nous transforme pendant que nous lui portons attention, que nous sommes conscients qu'il est avec nous.

Si nous n'avons pas d'eau, nous séchons. Nous n'avons qu'à boire. Lorsque nous avons bu de l'eau, cette réserve nous suit partout. C'est encore plus simple avec Jésus. Nous n'avons qu'à nous abreuver à son Cœur Sacré et il est en nous. Nous n'avons qu'à penser à Lui et il est Présent. Dieu est l'éternel présent. Nous nous abreuvons auprès de lui, sinon nous ne nous abreuvons pas auprès de lui.

Lorsque nous recevons l'Eucharistie, c'est la présence de Dieu qui y est. Comme l'eau, nous portons Dieu avec nous après la messe, partout où nous allons. Ses rayons lumineux qui sortent de nous rejoignent l'âme des personnes que nous croisons. Dans ses rayons sont transportés son Amour et tout ce qu'il nous offre. Portons son Eucharistie en nous et que ses rayons transforment le monde.

Portons-le comme dans des vases de grand prix, le prix du salut pour soi et pour le prochain :

« Celui qui garde sa parole, l'amour de Dieu atteint vraiment la perfection : voilà comment nous savons que nous sommes en lui. » *1re lettre de Jean, chapitre 2, verset 5*

Celui qui garde la réalité du Christ en lui, reçoit l'amour de Dieu dans sa perfection. Que l'Amour de Dieu déborde de nous pour envahir toutes les personnes que nous rencontrerons. Soyons des enfants de lumière, de la vie, de la voie et de la vérité.

Vivons dans l'action de grâce. Offrons à Jésus notre cœur et notre corps afin qu'il les couvre de son Amour pour qu'il se reflète en nous et sur tous.

Devenons habiles en combattant, sans violence, pour la foi. Que Marie et Joseph soient des exemples de vie pour nous, puisqu'ils sont demeurés près de Jésus en offrant le don de leurs vies.

Au service de l'Évangile

Paul dit aux Romains et à nous :

> Je n'ai pas honte d'être au service de l'Évangile, car il est la puissance de Dieu pour le salut de tout homme qui est devenu croyant, d'abord le Juif, et aussi le païen.
> *Paul aux Romains, chapitre 1, verset 16*

Les cinq mots clés de cette phrase c'est : « Être au service de l'Évangile ». Recevoir le service de Jésus et de sa Parole, de son Verbe.

Nous avons là la première étape à franchir pour commencer à connaitre Jésus Christ, et pour ensuite le faire connaitre. Paul semble aller au-delà de la simple lecture de l'Évangile, puisqu'il parle du service « de » l'Évangile. L'Évangile, la Bonne Nouvelle rend service.

Lorsque nous partageons l'Évangile ou la prière, même si c'est dans la cuisine, le Seigneur va passer. Même si c'est assis dans les estrades, pendant un sport, le Seigneur passe.

Nous comprenons que nous pouvons partager la Parole, vivre de gestes d'évangélisations, mais le sommet est de vivre selon la Parole et le Seigneur va passer. Jésus nous demande simplement d'entrer en communion intense avec sa Parole et il fera le reste. Partager sa Parole a pour effet d'augmenter au centuple le bonheur en nous. Mais trop souvent, nous recherchons notre bonheur plutôt que de le recevoir de Jésus. Nous cherchons à transmettre notre parole au lieu de la sienne.

Si nous laissons la Parole agir avec puissance dans notre cœur, elle se transmettra avec puissance, grâce à la douceur et au respect, vers les autres personnes. Cela, c'est de l'évangélisation. Vivons une conversion plus approfondie, en écoutant Jésus dans notre cœur.

Immaculée

La fête de l'Immaculée Conception exprime la grandeur de l'amour de Dieu. Il est non seulement celui qui pardonne le péché, mais en Marie, il va jusqu'à prévenir la faute originelle, que tout homme porte en lui, en entrant dans ce monde. C'est l'Amour de Dieu qui devance, qui anticipe et qui sauve Marie.

Le début de l'histoire du péché dans le jardin d'Éden se conclut dans le projet de l'Amour de Jésus qui sauve en notre monde. Les paroles de la Genèse renvoient à l'expérience quotidienne que nous vivons dans notre existence personnelle.

Il y a toujours la tentation de la désobéissance qui s'exprime dans le fait de vouloir envisager notre vie indépendamment de la volonté de Dieu. C'est cela l'inimitié, le refus systématique, qui tente continuellement la vie des hommes pour les opposer au dessein de Dieu.

« Où es-tu donc ? » *Genèse, chapitre 3, verset 9*

Adam ? Où es-tu rendu ? Pourquoi t'éloigner de Dieu et te cacher ? Ce sera la cause de toutes tes douleurs et afflictions.

Où suis-je rendu entre Dieu et le mal ? Jésus, fais-moi revenir en toi, dans l'Amour de la Trinité ! J'avoue et je le confesse, c'est moi qui suis éloigné de toi. Toi Seigneur, tu es toujours avec moi.

Même l'histoire du péché n'est compréhensible qu'à la lumière de l'Amour de Dieu qui pardonne. Si tout restait cantonné au péché, nous serions les plus désespérées des créatures, alors que la promesse de la victoire du Don de la Vie du Christ contient le salut, la vie éternelle, par la miséricorde du Père et l'Amour de l'Esprit Saint.

La Vierge Immaculée est devant nous un témoin privilégié de cette promesse et de son accomplissement.

Homélie du Pape François pour l'ouverture du Jubilé de la Miséricorde de décembre 2015, en la fête de l'Immaculée Conception :

> Cette Année Sainte extraordinaire est aussi un don de grâce. Entrer par cette Porte signifie découvrir la profondeur de la miséricorde du Père qui nous accueille tous et va à la rencontre de chacun personnellement. Ce sera une Année pour grandir dans la conviction de la miséricorde.
>
> Que de tort est fait à Dieu et à sa grâce lorsqu'on affirme avant tout

que les péchés sont punis par son jugement, sans mettre en avant au contraire qu'ils sont pardonnés par sa miséricorde (cf. Augustin, De praedestinatione sanctorum 12, 24) ! Oui, c'est vraiment ainsi.

Nous devons faire passer la miséricorde avant le jugement, et dans tous les cas le jugement de Dieu sera toujours à la lumière de sa miséricorde [Dieu ne nous juge pas, nous nous jugeons]. Traverser la Porte Sainte nous rends participants de ce mystère d'amour.

Abandonnons toute forme de peur et de crainte, parce que cela ne sied pas à celui qui est aimé ; vivons plutôt la joie de la rencontre avec la grâce qui transforme tout.

Aujourd'hui en franchissant la Porte Sainte, nous voulons aussi rappeler une autre porte que, il y a cinquante ans, les Pères du Concile Vatican II ont ouverte vers le monde. Cette échéance ne peut pas être rappelée seulement pour la richesse des documents produits, qui jusqu'à nos jours permettent de vérifier le grand progrès accompli dans la foi.

Mais, en premier lieu, le Concile [Vatican II] a été une rencontre. Une véritable rencontre entre l'Église et les hommes de notre temps. Une rencontre marquée par la force de l'Esprit qui poussait son Église à sortir des obstacles qui pendant de nombreuses années l'avait refermée sur elle-même, pour reprendre avec enthousiasme le chemin missionnaire.

C'était la reprise d'un parcours pour aller à la rencontre de tout homme là où il vit : dans sa ville, dans sa maison, sur son lieu de travail… partout où il y a une personne, l'Église est appelée à la rejoindre pour lui apporter la joie de l'Évangile. Une poussée missionnaire, donc, qu'après ces décennies nous reprenons avec la même force et le même enthousiasme.

Le Jubilé nous provoque à cette ouverture et nous oblige à ne pas négliger l'esprit qui a jailli hors Vatican II, celui du Samaritain, comme l'a rappelé le bienheureux Paul VI lors de la conclusion du Concile. Franchir la Porte Sainte nous engage à faire nôtre la miséricorde du bon Samaritain.

Source : BOLLETTINO N. 0969 du 08.12.2015, site internet : http://www.eglise.catholique.fr/a

*ctualites/dossiers/jubile-de-la-
misericorde/411814-homelie-du-
pape-francois-pour-louverture-du-
jubile-de-la-misericorde/*

Puisque l'Année Sainte du jubilé de la miséricorde est passée (2015-2016), nous pouvons encore franchir la Porte de la Miséricorde avec notre cœur et vivre le passage jusque dans le Cœur de Jésus. Par le Sacrement du Pardon et de la Réconciliation, nous franchissons la porte du cœur, le nôtre, pour le libérer et rejoindre le Cœur Sacré et pour nous laisser aimer de la miséricorde de Dieu.

Servons

Jésus nous dit :

« Le plus grand parmi vous sera votre serviteur. » *Matthieu, chapitre 23, verset 11*

Puisque Jésus est le plus grand de tous et qu'il a été le serviteur de tous, nous pouvons imaginer ce que cela veut dire pour nous.

Jésus demande à tout le monde de devenir des serviteurs les uns des autres. À l'un, il est donné de soigner un malade, à l'autre de se laisser soigner, à l'un d'enseigner, à l'autre de se laisser enseigner, à l'un d'améliorer le monde et à tous d'embarquer dans la mission.

La personne qui se laisse soigner rend service à celle qui la soigne. Cela permet à la personne soignante de développer ses talents, de devenir plus compatissante et aimante.

Alors, ce ne sont pas seulement les personnes qui ont besoin de soins qui reçoivent, mais aussi les personnes soignantes par leur dévouement et leur attention à l'autre.

C'est semblable pour la foi. Lorsque nous partageons la foi, la personne qui la reçoit nous permet de rendre service et de nous améliorer. Nous recevons autant qu'elle. Nous sommes tous gagnants lorsque nous partageons et recevons la foi les uns des autres.

Nous sommes appelés à être au service du prochain, comme notre maître, Jésus l'a été avec nous. Continuons de suivre le Christ, de recevoir son Amour et de le partager entre nous.

Encourager

Jean le Baptiste savait parler au peuple pour détourner des gens de ce qu'ils faisaient et les centrer sur Jésus, sur l'Agneau de Dieu. Il est aussi le principal acteur dans l'élection des premiers Apôtres, Jean et André.

Nous avons la même mission. Nous sommes invités à encourager les personnes à suivre Jésus.

Chaque personne qui se centre sur Jésus voit sa vie transformée. Paul nous dit :

> De la descendance de David, Dieu, selon la promesse, a fait sortir un sauveur pour Israël : c'est Jésus, dont Jean le Baptiste a préparé l'avènement, en proclamant avant lui un baptême de conversion pour tout le peuple d'Israël. Au moment d'achever sa course, Jean disait : « Ce que vous pensez que je suis, je ne le suis pas. Mais le voici qui vient après moi, et je ne suis pas digne de retirer les sandales de ses pieds. » *Actes des Apôtres, chapitre 13, versets 23 à 25*

Moïse a enlevé ses sandales devant Dieu. Dieu dit alors :

« N'approche pas d'ici ! Retire les sandales de tes pieds, car le lieu où tu te tiens est une terre sainte ! » *Exode, chapitre 3, verset 5*

Et Jean le Baptiste n'est pas digne d'enlever les sandales des pieds du Seigneur. Jésus, lui, n'a pas besoin d'enlever ses sandales, il est Dieu, il est la sainteté. Là où il se tient, la terre est sainte.

C'est pour nous que Jésus est venu, mais aussi pour les personnes qui ne le connaissent pas encore. Elles ont besoin de savoir que la Trinité les aime. Portons-les dans notre prière.

Jésus invite à croire en Lui. Jésus leur répond :

> Amen, amen, je vous le dis : vous me cherchez, non parce que vous avez vu des signes, mais parce que vous avez mangé de ces pains et que vous avez été rassasiés.
>
> Travaillez non pas pour la nourriture qui se perd, mais pour la nourriture qui demeure jusque dans la vie éternelle, celle que vous donnera le Fils de l'homme,

lui que Dieu, le Père, a marqué de son sceau. *Jean, chapitre 6, versets 26 à 27*

Jésus le dit clairement qu'il donne un pain éternel. Ce pain que Jésus offre est le pain de la vie de Dieu et en Dieu.

Pendant la réception du Pain de Vie, que Jésus nous accorde la grâce de ne jamais nous éloigner de Lui ni de son Église. Que son Pain, son véritable Corps, soit la force d'aimer, la santé, la sainteté de notre Vie.

Jésus dans notre monde

Tout l'Amour de Dieu se déploie dans notre monde par la simplicité de sa venue, par l'ombre de son Esprit sur Marie, dans le Corps d'une Vierge, puis déposé dans la crèche.

Ensuite, le début du premier siècle nous peint la réalité de Dieu qui vient dans notre monde, pour nous offrir le salut.

La fin de sa vie nous montre un Dieu dont nous n'oserions pas regarder le visage, d'où les combattants de la vision d'Amour de Dieu préfèrent demeurer dans les ténèbres. Ils n'ont pas vu la Lumière du monde se lever, en Jésus.

Étienne a vu la Lumière. Il a placé la totalité de sa foi en Jésus. Étienne qui a vu se lever l'aurore devient semblable à l'image de Dieu sur la Croix qui offre sa vie à ses bourreaux. Étienne, pendant qu'on le lapide, prie ainsi :

« Seigneur Jésus, reçois mon esprit. » Puis, se mettant à genoux, il s'écrie d'une voix forte : « Seigneur, ne leur compte pas ce péché. » *Actes des Apôtres, chapitre 7, verset 59*

Jésus nous dit que des personnes ne comprendront pas la Lumière du monde. Mais il nous assure de son Esprit Saint :

« Ce que vous aurez à dire vous sera donné à cette heure-là. Car ce n'est pas vous qui parlerez, c'est l'Esprit de votre Père qui parlera en vous. » *Matthieu, chapitre 10, versets 19 à 20*

Il est possible que dans le temps où nous vivons, qu'il y ait un affaissement de la foi. Jusqu'où l'inconscience d'une nation peut se braquer devant l'Amour et la Lumière de Dieu, demeure un mystère. Si c'est cela que nous observons, c'est le temps de semer la Parole et d'inviter à la conversion. Quoiqu'évangéliser doit être notre mission de chaque instant, que tout semble bien aller ou non.

Recevons l'Amour, la Force et la Lumière du Christ pour le porter à nos familles, à nos amis, aux personnes de la ville qui en ont grandement besoin.

Les gens sont lents à croire. Ils ne voient pas ce qui se passe dans la vie des autres. Étienne est un vrai disciple de Jésus, il porte le message avec fougue et générosité. Mais, il y a des gens qui ne savent pas reconnaitre la différence entre ce qui est bien de ce qui est mal.

Ils se sont créé des sécurités, ils se sont mal servis de la Bible et des enseignements des anciens pour se fermer davantage à tout ce qui, selon eux, ne les concerne pas.

Ils ont préféré rendre la Parole de Dieu leur propre possession et ils ont transformé le message à leur image flouée et non pas à l'image et à la ressemblance de Dieu. Ils croyaient comprendre et ils n'ont rien compris.

C'est ce que dit Étienne au peuple, aux anciens et aux scribes. Nous avons l'impression d'entendre la Parole de Dieu dans l'Ancien Testament. Étienne doit bien la connaitre :

> Vous qui avez la nuque raide, vous dont le cœur et les oreilles sont fermés à l'Alliance, depuis toujours vous résistez à l'Esprit

Saint ; vous êtes bien comme vos pères ! *Actes des Apôtres, chapitre 7, verset 51*

Ils se sont fermés à l'Alliance de Dieu, à l'Amour de Dieu :

« Ceux qui écoutent ce discours ont le cœur exaspéré et grincent des dents contre Étienne, » *Actes des Apôtres, chapitre 7, verset 54*

parce qu'ils ne comprennent pas son message, ils sont dans leur bulle, sans référence à Dieu. Étienne les dérange, parce qu'ils ne prennent pas le temps de le connaitre. Ils s'impatientent contre lui.

Les témoins ont déposé leurs vêtements aux pieds d'un jeune homme appelé Saul. Étienne, pendant qu'on le lapide, prie ainsi : « Seigneur Jésus, reçois mon esprit. » Puis, il se met à genoux, il s'écrie d'une voix forte : « Seigneur, ne leur compte pas ce péché. » Et, après cette parole, il s'endort dans la mort. *Actes des Apôtres, chapitre 7, versets 58 à 60*

Étienne est un vrai disciple de Jésus. Il s'endort dans la mort.

Comme pour Étienne, Jésus aussi n'a pas été écouté. Ils sont passés à côté de son message. Ils questionnent Jésus sur le fait qu'il annonce qu'il est la vraie nourriture descendue du ciel. Les responsables du temple disent à Jésus :

« Quel signe vas-tu accomplir pour que nous puissions le voir, et te croire ? Quelle œuvre vas-tu faire ? » *Jean, chapitre 6, verset 30*

Même si Jésus leur répond en vérité, plusieurs ne comprennent pas. Jésus leur répond :

« Amen, amen, je vous le dis : ce n'est pas Moïse qui vous a donné le pain venu du ciel ; c'est mon Père qui vous donne le vrai pain venu du ciel. Car le pain de Dieu, c'est celui qui descend du ciel et qui donne la vie au monde. »

Ils lui dirent alors : « Seigneur, donne-nous toujours de ce pain-là. » Jésus leur répondit : « Moi, je suis le pain de la vie. Celui qui vient à moi n'aura jamais faim ; celui qui croit en moi n'aura jamais soif. »
Jean, chapitre 6, versets 32 à 35

Lorsque Jésus dit que c'est son : « Père qui donne le vrai pain venu du ciel », les responsables du Temple ne le croient plus. Pourtant, il confirme qu'il l'est le « pain venu du ciel ». « Moi, je suis le pain de la vie ».

C'est touchant. À l'Eucharistie, le Père nous offre le Pain à son repas, et le pain que nous recevons c'est le Christ, c'est l'Agneau de Dieu, la Vie.

Aujourd'hui, que notre action de grâce se tourne vers le Père. Par l'Esprit, il nous offre le vrai Pain, Jésus notre Sauveur, la nourriture de l'Amour, de la vraie Vie.

Rendons grâce au Père, au Saint-Esprit et au Fils.

Avant même qu'ils le lapident, le Seigneur est présent avec Étienne, puisqu'il déclare :

« Voici que je contemple les cieux ouverts et le Fils de l'homme debout à la droite de Dieu. » *Actes des Apôtres, chapitre 7, verset 56*

Il n'en faut pas plus pour que les « fils (fil) se touchent » pour certains des responsables. Il y a des flammèches ! Puis, il est rapporté tout de suite après :

« Alors ils poussent de grands cris et se bouchent les oreilles. Tous ensemble, ils se précipitent sur lui, l'entraînent hors de la ville et se mettent à le lapider. » *Actes des Apôtres, chapitre 7, versets 57 à 58a*

Étienne n'est pas dans les bonnes grâces de ces personnes, tout comme Jésus, lorsqu'il a répondu à Pilate qu'il était Roi. Dire à Pilate qu'il est Roi, c'est quasiment lui dire qu'il va perdre sa place. C'est possiblement ce que Pilate croyait, à ce moment. Pilate ne connait pas Jésus.

Pour Pilate, Jésus ne faisait que parler d'une autre réalité, celle du Royaume de Dieu. Cela aussi Jésus l'a dit. Mais pour ces personnes qui attendent le Messie et pensent ne pas le trouver en Jésus, ils n'acceptent pas qu'une personne prenne les mots clés de Dieu comme : « Fils de l'Homme », « debout » et « à la droite de Dieu ». C'est absolument placer quelqu'un au niveau de Dieu, le Dieu jusqu'ici intouchable, le Dieu jusqu'ici innommable, le Dieu de qui nous ne sommes pas habitués de voir le visage.

Étienne est le premier martyr. Jésus est cependant le Martyr des martyrs.

Nous sommes loin de penser que le martyr soit la solution ou même une avenue souhaitable pour devenir saint. Sans le rechercher, il y en a tout de même qui le subissent.

L'Église croit que ces personnes ont vécu la présence de Dieu fortement dans leur cœur et leur vie, qu'elles sont tellement en Dieu que rien ne leur fera perdre leur foi.

Comme Jésus est passé de la naissance à la mort dans une foi inébranlable et une mission unique, Étienne est passé par le même chemin par la confession de son martyre en celui qui a révélé le visage de Dieu, en Jésus. Comme il est écrit dans le livre de la Révélation, les saints prient constamment au ciel :

> Un autre ange vint se placer près de l'autel ; il portait un encensoir d'or ; il lui fut donné quantité de parfums pour les offrir, avec les prières de tous les saints, sur l'autel d'or qui est devant le Trône.
> *Apocalypse, chapitre 8, verset 3*

Se laisser inspirer par le Seigneur, reconnaitre la gloire du Seigneur, surtout lorsque le Seigneur semble invisible pour certains, le message de Dieu devient, pour eux, presque impossible à comprendre, à entendre.

Jésus dit à ses disciples :

« Méfiez-vous des hommes : ils vous livreront aux tribunaux et vous flagelleront dans leurs synagogues. » *Matthieu, chapitre 10, verset 17*

Mais comme Étienne, nous devons vivre dans ce monde. Et souvent, le monde ne nous comprendra pas. Cela ne veut pas dire que personne ne nous comprend. Il y en a qui suivent Jésus.

Remplis de la présence de Dieu, continuons d'être les missionnaires de l'Amour et de la paix dans notre monde. Évangélisons de manière efficace et respectueuse.

La discrétion efficace

Souvent lorsque nous pensons que l'Église est complètement perdue humainement, le Seigneur la relève divinement. Nous vivons dans un temps de haute rapidité, de recherches et de découvertes qui nous étourdissent peu à peu. Ces moments de l'histoire sont tout de même nécessaires, afin d'améliorer le sort des humains et de la planète. Sauf que, pendant ces recherches, il y a aussi des risques de destructions et de pertes de valeurs, de pertes humaines.

Paul et Pierre ont vécu dans des moments de l'histoire où c'était très risqué comme chrétiens de vivre la foi ouvertement. Plusieurs des premiers chrétiens furent martyrs par le feu, les supplices, les tortures.

Tout de même, les chrétiens de ce temps-là et les chrétiens d'aujourd'hui demeurent ceux qui font la différence dans le monde.

Devant la technologie et toutes les expériences dans lesquelles nous sommes participants, nous avons la même mission d'introduire Dieu au cœur des signes de notre temps.

Nous pouvons garder la paix, la joie, l'Amour de Dieu bien ancré dans notre société. Continuons d'approfondir notre foi ensemble et ayons l'audace des premiers chrétiens de vivre la foi au milieu de notre ville et là où nous sommes.

Demandons à Jésus de toujours garder vivante notre foi. Appuyons-nous aussi sur l'audace de tous les saints. Que notre vie dégage la lumière et la force que nous recevons par le Corps et le Sang de Jésus-Christ. Demeurons dans la vie du Ressuscité, pour le bien de tous.

Les défis

Jésus nous dit :

« Le serviteur n'est pas plus grand que son maître. Si l'on m'a persécuté, on vous persécutera, vous aussi. » *Jean, chapitre 15, verset 20*

Jésus a été persécuté parce que des personnes ne le comprenait pas, d'autres n'aimaient pas ses idées. Mais ces personnes n'ont pas vraiment pris le temps d'écouter Jésus et de vérifier, par la foi, le message important qu'il livre au monde. C'est connu, les gens ont habituellement peur de ce qu'ils ne connaissent pas.

Jésus continue :

« Les gens vous traiteront ainsi à cause de mon nom, parce qu'ils ne connaissent pas Celui qui m'a envoyé. » *Jean, chapitre 15, verset 21*

En réalité, la persécution est partout. Ce n'est pas nécessaire de suivre Jésus pour être persécutés inutilement. Il y a de la persécution là où il y a du mal. Mieux vaut alors vivre la persécution avec quelqu'un qui nous comprend et qui nous aime, Jésus.

Là où nous pouvons dire que c'est vraiment contre Jésus, c'est que la persécution est toujours un mal et le mal se développe contre les personnes qui ont la foi, ou les personnes qui promeuvent la charité, même si ces personnes ne sont pas dans l'Église. Elles sont tout de même en marche, dans un monde en recherche de sens.

Les personnes qui font le mal, ce sont souvent des personnes qui n'ont pas encore trouvé la joie du bien partagé, ou qui ont été blessées et qui referment l'amour dans leur cœur.

Jésus ajoute :

« Si l'on a gardé ma parole, on gardera aussi la vôtre. » *Jean, chapitre 15, verset 20*

Pour les personnes qui parlent au nom de Jésus et pour les personnes qui le reçoivent bien, elles se réjouissent et accueillent l'amour de Dieu dans leur vie.

Il est écrit :

« Les Églises s'affermissent dans la foi et le nombre de leurs membres augmente chaque jour. » *Actes des Apôtres, chapitre 16, verset 5*

Après avoir goûté à la Parole de Dieu, il est nécessaire de continuer à affermir notre foi. Chaque jour, nous devons trouver des moyens pour approfondir et étudier la Parole et nous ouvrir aux témoignages de foi des personnes autour de nous, tout en devenant des évangélisateurs.

Dès que nous évangélisons, nous devenons davantage évangélisés. Dès que nous évangélisons selon la volonté et le message de Dieu, la Trinité évangélise en nous et avec nous.

La route nous convertit

En nous gardant sur la route avec Jésus, nous éliminons peu à peu ce qui nous empêche de nous épanouir chaque jour dans la foi et la Loi.

Jésus nous dit :

« Quand l'homme fort et bien armé garde son palais, tout ce qui lui appartient est en sécurité. » *Luc, chapitre 11, verset 21*

Si nous nous efforçons de demeurer unis à Jésus pour le monde, nous sommes en sécurité. La force dans le palais, c'est de recevoir l'Amour du Roi qui règne dans le Royaume de Dieu.

Mais Jésus nous avertit :

« Celui qui n'est pas avec moi est contre moi ; celui qui ne rassemble pas avec moi disperse. » *Luc, chapitre 11, verset 23*

Ne pas œuvrer avec Jésus, c'est nous éloigner de lui, c'est marcher dans le sens contraire. Cela est épuisant. Chaque jour, nous sommes invités à revenir et à réfléchir sur notre relation avec Jésus et lui demander de nous aider à demeurer avec lui.

Que Jésus soit notre ultime recherche, notre ultime trouvaille et la voie que nous proposons.

Œuvrons avec Jésus

Cheminement 86

Rejoindre notre entourage

Paul nous dit :

> « Les dons de la grâce sont variés, mais c'est le même Esprit. Les services sont variés, mais c'est le même Seigneur. Les activités sont variées, mais c'est le même Dieu qui agit en tout et en tous. » *1re lettre de Paul aux Corinthiens, chapitre 12, versets 4 à 6*

Les dons que nous recevons de Dieu sont pour la communauté. Il nous demande de les mettre en pratique selon qui nous sommes et comment nous pouvons les retransmettre aux autres. Les services que nous rendons dans la communauté sont aussi variés, selon le caractère et les possibilités de comprendre de chaque personne.

Pour réaliser une bonne recette de cuisine, cela nous prend des ingrédients différents. Certains sont plus épicés, d'autres ajoutent de la texture, et d'autres encore permettent d'élever la pâte. Chaque ingrédient a son rôle à jouer.

Pour obtenir une bonne recette dans une église, chaque personne y apporte son ingrédient de pureté, de bonté, de sagesse, etc. C'est absolument nécessaire.

Cela donne des activités qui sont très différentes les unes des autres, mais toujours dans le but de servir le prochain, par grâce et par les dons que chaque personne accueille de Dieu.

Pendant les activités, nous faisons notre possible, puis le Seigneur se laisse trouver, selon le temps que nous lui allouons. Cela dit, il serait intéressant de chercher et de trouver des activités spirituelles, afin d'augmenter les grâces et les dons dont Dieu veut nous combler toujours davantage. Plus nous passons de temps avec lui, plus nous devenons conscients de sa présence. Plus nous le comprenons et plus nous voulons demeurer avec lui. Paul ajoute :

« À chacun est donnée la manifestation de l'Esprit en vue du bien. » *1re lettre de Paul aux Corinthiens, chapitre 12, verset 7*

Le Saint-Esprit se manifeste à chaque personne selon qui nous sommes et selon le besoin autour de nous, simplement parce que nous sommes différents les uns des autres. Nous servons ensemble, dans la volonté du Seigneur, les personnes sur le chemin.

Nous n'allons pas dans les mêmes activités, nous ne parlons pas aux mêmes personnes. Or, selon le lieu précis où nous sommes, Dieu nous offre continuellement la grâce d'agir et de parler en son nom.

Plus nous oserons rendre Dieu présent dans notre paroisse, ou dans un autre endroit, plus nous découvrirons ce que Jésus fera par nous, au milieu de nous et pour le bien de chaque personne, et tout spécialement pour les plus éloignés.

Marie le constate, pendant qu'elle est aux Noces de Cana, que les convives manquent de vin. Elle en parle à Jésus. Puis, elle dit à ceux qui servent :

« Tout ce qu'il vous dira, faites-le. » *Jean, chapitre 2, verset 5*

Cette phrase de Marie est pour tous. Comment allons-nous personnellement rendre Jésus présent lorsque nous sommes à la maison, en voyage, avec nos amis, nos enfants et le monde, en général ? Quel est le plus beau service que nous pouvons leur rendre ?

Prions-le, personnellement, et demandons à Jésus quel est le service que lui veut que nous rendions lorsque nous sortons de l'église après la messe.

L'envoi annoncé par le prêtre à la fin de la messe est spécialement pour nous rappeler que la mission continue. Chaque fois que nous sortons de l'église, l'évangélisation est réactivée d'Amour pour notre paroisse et au-delà d'elle.

Nous pouvons nous redire comme d'une prière :

« Pour la cause de Sion, je ne me tairai pas, et pour Jérusalem, je n'aurai de cesse. » *Isaïe, chapitre 62, verset 1*

Pour la cause des personnes autour de moi « je ne me tairai pas », pour Jérusalem, c'est-à-dire pour l'Église, je ne cesserai pas d'être éveillé et d'évangéliser de manière douce et respectueuse, soutenu par la prière et la confiance en Dieu.

Le monde a besoin de connaitre l'Amour de Dieu. N'attendons pas d'être au pied du mur pour vouloir rejoindre les personnes qui ont un urgent besoin de Dieu.

Besoin de témoins

Nous sommes des humains et nous avons besoin de voir, d'entendre et de lire pour savoir que Dieu est présent. Nous avons besoin de témoins qui ont rencontré le Christ un jour dans leur vie, qui ont vécu une expérience de foi marquante.

Nous n'avons pas fait de rencontre physique avec Jésus. Mais une personne, par une parole, par une expérience personnelle, nous a conduit à lui.

Le témoignage de vie de foi de chaque personne est un chemin ouvert pour les autres et qui permet de rencontrer Jésus. Au moment où nous aurons à parler, nous n'avons pas à nous inquiéter comme Jésus nous le confirme :

« Car ce n'est pas vous qui parlerez, c'est l'Esprit de votre Père qui parlera en vous. »
Matthieu, chapitre 10, verset 20

Si nous sommes maintenant amis avec l'Esprit Saint, il parlera en nous et par nous.

Nous saurons quoi dire au moment favorable et nous permettrons à d'autres personnes d'entrevoir la réalité de Jésus-Christ.

Jésus nous connait

L'Apôtre Philippe est un disciple qui ose raconter l'histoire à son entourage de sa rencontre avec Jésus. Il a rencontré Jésus et Jésus a transformé sa vie. Philippe partage sa joie et sa reconnaissance de sa conversion avec le Seigneur. Il rencontre Nathanaël et il lui annonce la grande nouvelle :

> « Celui dont il est écrit dans la loi
> de Moïse et chez les Prophètes,

nous l'avons trouvé : c'est Jésus fils de Joseph, de Nazareth. » Nathanaël réplique : 'De Nazareth peut-il sortir quelque chose de bon ?' » *Jean, chapitre 1, versets 45 à 46*

Nathanaël n'a pas caché sa candeur et son étonnement. Mais Philippe est sérieux, décidé.

Nathanaël ne fait pas comme certains de ce monde, il ne cherche pas à faire mourir Jésus, mais il cherche à comprendre. Comme nous, nous n'en avons jamais assez de découvrir qui est Jésus. Nathanaël reconnait en Jésus le Seigneur :

« Rabbi, c'est toi le Fils de Dieu ! c'est toi le Roi d'Israël ! » *Jean, chapitre 1, verset 49*

Jésus lui répond :

« Tu verras des choses plus grandes encore. » *Jean, chapitre 1, verset 50*

En suivant Jésus, nous avançons et nous voyons, parce qu'il est le seul qui nous connait vraiment. Sa royauté se révèle aux personnes qui le cherchent et aux personnes qui l'annoncent à leur tour.

Jésus veut nous secouer pour que son nom soit connu. Trouvons des moyens honnêtes, trouvons des moyens de présenter simplement Jésus au monde. Un petit mot, une petite phrase et Jésus se rend présent dans les cœurs.

Ce fut assez simple d'introduire Nathanaël dans le groupe des Douze Apôtres. Philippe l'aura aidé. Cela prend un peu de temps aussi pour que des personnes autour de nous adhèrent au Seigneur Jésus Christ.

Comme Jésus le dit : « Tu verras des choses plus grandes encore ». Nous verrons des choses encore plus grandes. Puis le jour où nous entrerons dans le Royaume préparé par l'Amour de Dieu pour nous, Jésus n'aura plus à dire :

« Amen, Amen, je vous le dis : vous verrez les cieux ouverts, avec les anges de Dieu qui montent et descendent au-dessus du Fils de l'Homme. » *Jean, chapitre 1, verset 51*

Il n'aura pas à nous le redire, car nous verrons le Fils de l'Homme tel qu'il est. Nous y serons, ensemble, si nous le désirons, librement.

Commençons à prévoir notre entrée dans l'éternité. Gardons la confiance en Jésus qui nous invite personnellement à entrer par les portes du Royaume éternel. Nous nous retrouverons avec beaucoup de saints, dont Nathanaël et son cœur d'enfant.

Cette phrase de Paul nous conduit à une belle réflexion :

« Par l'annonce de l'Évangile, c'est moi qui vous ai donné la vie dans le Christ Jésus. » *1re lettre de Paul aux Corinthiens, chapitre 4, verset 15*

Paul a conduit des personnes à se convertir et à suivre le Christ. Comme un bon père dans la foi, il veut que les personnes qu'il a interpelées continuent de suivre Jésus. Et il leur recommande même de prendre son exemple afin qu'ils ne se perdent pas, qu'ils ne perdent pas la route qu'il a tracée pour eux. Paul leur a relayé la vie en Jésus.

Avec Paul cela va, puisque nous savons qu'il a suivi le chemin de la sainteté dès sa conversion. Mais si une personne en conduit d'autres à Jésus et que cette personne quitte le chemin de la foi, comment les autres pourront-ils continuer dans la foi ? La solution est simple, même si la situation peut sembler étourdissante.

Si nous sommes unis à Jésus et que des personnes s'en éloignent, nous ne le perdrons jamais. Cela est très important de nous assurer que notre relation avec Jésus soit authentique et vraie. Revenons chaque jour à Jésus. Il est notre Seigneur. De cette manière, il sera plus facile de ne jamais nous éloigner de lui. Développons une relation continue avec Jésus et suivons-le, sans nous arrêter. Peut-être ramènerons-nous aussi notre frère à lui.

Nous devons garder notre vie sur la route, à la suite de Jésus. Nous devons devenir de plus en plus responsables de notre foi et devenir nous-mêmes des exemples de foi, par notre persévérance. Sinon, nous nous éloignons.

Jésus, nous croyons que tu es le chemin, la vérité et la vie. Grâce à toi nous sommes en relation aussi avec le Père et l'Esprit.

Jésus est le seul qui peut nous conduire à la vie éternelle. Nous pouvons avoir de saintes personnes autour de nous, mais Jésus demeure notre seule assurance de vie en Dieu.

Retrouvons toujours la route qui mène à la maison de Dieu sur terre, l'Église, et nous ne serons jamais à court de ressources. Tournons-nous vers la maison de Dieu, afin de continuer la route, saintement, dans la bonne direction.

Lorsque nous venons à l'Eucharistie, nous recevons le nécessaire pour continuer, surtout dans ce monde en proie à la guerre, de continuer la route qui nous conduit au Cœur de Dieu, dans la paix.

Œuvrer avec Jésus

Jésus raconte l'histoire d'un propriétaire qui voit des personnes qui sont à la porte pour œuvrer, mais que personne n'a embauché. C'est toujours réjouissant de voir des personnes à la porte des églises pour chercher à y participer :

« Vers cinq heures, il sort encore, en trouve d'autres qui sont là et leur dit : "Pourquoi êtes-vous restés là, toute la journée, sans rien faire ?" » *Matthieu, chapitre 20, verset 6*

Heureux ceux qui se rendent jusqu'à Dieu, d'eux-mêmes ! Ils lui répondent :

« Parce que personne ne nous a embauchés. » Il leur dit : « Allez à ma vigne, vous aussi. » *Matthieu, chapitre 20, verset 7*

Personne ne les embauche ! Nous avons besoin de personnes qui embauchent pour la mission de l'évangélisation. Nous aimerions pouvoir trouver ces personnes qui sont prêtes à prier, à partager leur foi, à s'offrir pour le service avec Jésus. Invitons les personnes qui sont autour de nous.

De nous-mêmes, nous savons que nous sommes très démunis pour rejoindre les personnes aujourd'hui qui semblent distants de l'Église, mais qui cherchent elles aussi le Seigneur, consciemment ou inconsciemment.

Que le Seigneur nous permette de découvrir où sont ces personnes et qu'il nous donne les grâces pour les attirer à un cheminement avec lui.

Dire notre foi

C'est parfois difficile de dire notre foi aux personnes qui nous interrogent. Toutes sortes de craintes montent à la surface.

Pierre ne force personne à se convertir. Il ne fait que raconter son expérience. La plus importante de ses expériences, c'est que Jésus est ressuscité.

Cela ne plaît pas aux responsables du Temple et ils jettent Pierre en prison pour la nuit. Le lendemain, ils le questionnent.

Pierre leur déclare :

> Chefs du peuple et anciens, nous sommes interrogés aujourd'hui pour avoir fait du bien à un infirme, et l'on nous demande comment cet homme a été sauvé.
>
> Sachez-le donc, vous tous, ainsi que tout le peuple d'Israël : c'est par le nom de Jésus le Nazaréen,

lui que vous avez crucifié, mais que Dieu a ressuscité d'entre les morts, c'est par lui que cet homme se trouve là, devant vous, bien portant.

Ce Jésus est la pierre méprisée de vous, les bâtisseurs, mais devenue la pierre d'angle. En nul autre que lui, il n'y a de salut, car, sous le ciel, aucun autre nom n'est donné aux hommes, qui puissent nous sauver. *Actes des Apôtres, chapitre 4, versets 8 à 12*

Pierre n'a pas de crainte à exprimer sa foi et sa connaissance de Jésus, même devant l'éventualité d'être flagellé et mis à mort comme son maître.

Pierre se souvient possiblement du moment où Jésus attendait les Apôtres au bord du lac après sa résurrection :

« C'était la troisième fois que Jésus ressuscité d'entre les morts se manifeste à ses disciples. » *Jean, chapitre 21, verset 14*

Après une telle expérience, rien ne peut l'empêcher de croire que Jésus est ressuscité et toujours vivant. Rien ne peut empêcher Pierre d'être en feu et de proclamer que Jésus est Seigneur.

Jésus appelle les Apôtres :

« Les enfants, auriez-vous quelque chose à manger ? » Ils lui répondirent : « Non. » Il leur dit : « Jetez le filet à droite de la barque, et vous trouverez. » *Jean, chapitre 21, verset 5*

Pierre, qui est devant le chef du peuple et des anciens se souvient de cette rencontre avec Jésus. Il sait qu'il est en mission pour trouver d'autres personnes qui accepteront d'embarquer sur la route à la suite de Jésus.

Or, Pierre est en mission et rien ne semble l'arrêter de parler de Jésus-Christ.

La prochaine fois, lorsque nous nous approcherons pour recevoir le Pain de la vie, demandons à Jésus d'augmenter notre foi. Qu'il nous aide à trouver des témoins de la foi pour le monde.

Cheminer, édifier, confesser

Premier mot

Cheminer : « notre vie est un chemin », a rappelé le pape François : il s'agit pour le chrétien de « cheminer toujours en présence du Seigneur, à la lumière du Seigneur ».

Deuxième mot

Édifier : Édifier l'Église, sur « des pierres, qui ont de la consistance », mais qui sont aussi « vivantes par l'Esprit Saint », a-t-il expliqué.

Troisième mot

Confesser : « Nous pouvons cheminer autant que nous voulons, nous pouvons édifier tant de choses, mais si nous ne confessons pas Jésus-Christ, cela ne va pas ». [Dans ce cas] L'Église devient, a-t-il dit, une [doctrine qui place l'humain en premier], « mais pas l'Épouse du Seigneur ».

« Si on ne chemine pas, on s'arrête »,

« si on n'édifie pas sur les pierres… tout s'écroule, sans consistance » et « celui qui ne prie pas le Seigneur prie le diable », car « quand on ne confesse pas Jésus-Christ, on confesse la mondanité du diable, la mondanité du démon », a ajouté le pape, en citant explicitement l'auteur français Léon Bloy (1846-1917).

Ces trois actions : « cheminer, édifier, confesser », a-t-il fait remarquer, ne peuvent se vivre sans la croix : « Quand nous cheminons sans la Croix, quand nous édifions sans la Croix et quand nous confessons un Christ sans la Croix nous sommes mondains : nous sommes des prêtres, des évêques, des cardinaux, des papes, mais pas des disciples du Seigneur ». Nous pourrions ajouter : nous sommes des Baptisés qui sommes mondains lorsque nous ne témoignons pas de Jésus-Christ.

Le pape a donc souhaité que l'Église ait « le courage de cheminer en présence du Seigneur, avec la Croix du Seigneur ; d'édifier l'Église sur le sang du Seigneur, versé sur la Croix ; et de confesser l'unique Gloire, le Christ crucifié ».

Durant la prière universelle qui a suivi, une intention particulière a été donnée pour que Benoît XVI, pape émérite, puisse également servir l'Église « dans une vie de retraite dédiée à la prière et la méditation ».

Les cardinaux, souriants et détendus, sont sortis de la chapelle. Une nouvelle page de l'histoire de l'Église est en train de s'ouvrir.

Jean-Louis DE LA VAISSIÈRE, Agence France-Presse, Cité du Vatican

L'Église universelle

À la lumière de la Résurrection, l'Église est en fondation. Dans les Actes des Apôtres, nous parlons déjà de l'Église de Jérusalem. Nous sommes au milieu du premier Concile Catholique. Et il y a une grande décision à prendre à partir de ce qu'ils ont sur la table. Jésus, serait-il aussi venu pour les païens ?

L'Esprit Saint souffle fort sur le Concile. C'est là que la dimension universelle, catholique, se dévoile.

Paul, avec son copain Barnabé, amène une nouvelle dimension à la réalisation du salut. Désormais, le salut n'est plus seulement une grâce pour un seul peuple, mais pour toutes les personnes qui vivent sur la terre, quelle que soit leur origine.

Nous savons que l'Apôtre Jacques est aussi présent au Concile. Jacques vient placer le couvercle sur la question :

> Frères, écoutez-moi. Simon-Pierre vous a exposé comment, dès le début, Dieu est intervenu pour prendre parmi les nations un peuple qui soit à son nom. Les paroles des prophètes s'accordent

avec cela, puisqu'il est écrit : Après cela, je reviendrai pour reconstruire la demeure de David, qui s'est écroulée ; j'en reconstruirai les parties effondrées, je la redresserai ; alors le reste des hommes cherchera le Seigneur, oui, toutes les nations sur lesquelles mon nom a été invoqué – déclare le Seigneur, qui fait ces choses connues depuis toujours. *Actes des Apôtres, chapitre 15, versets 13 à 18*

Cette Église est appelée à s'ouvrir à tous les peuples et elle ne peut laisser personne à l'écart. Cela dit, si la personne, de son propre gré, ne se place pas à l'écart elle-même.

L'Église naît de la résurrection du Christ. Nous voulons suivre Jésus et lui permettre d'augmenter le groupe des croyants.

Et Jésus nous dit, comme aux premiers fondateurs de l'Église :

Comme le Père m'a aimé, moi aussi je vous ai aimés. Demeurez dans mon amour. Si vous gardez mes commandements, vous demeurerez dans mon amour, comme moi, j'ai gardé les commandements de mon Père, et je demeure dans son amour. Je vous ai dit cela pour que ma joie soit en vous, et que votre joie soit parfaite. *Jean, chapitre 15, versets 9 à 11*

Pour demeurer dans l'Amour, dans la joie de Jésus, nous devons demeurer fidèles à ses commandements. Aimer le prochain, c'est aussi l'accepter comme une personne qui peut être sauvée par le Christ et l'inviter à continuer à suivre le Christ.

Demandons à Jésus de nous garder dans son Amour et de réveiller en nous tout l'Amour qu'il veut que nous partagions autour de nous.

Différentes religions

Dieu est toujours égal à lui-même et il aime tous les humains sans distinction. Mais pour les religions, il y a différentes manières de concevoir Dieu. Or, concevoir qui est Dieu en dehors de l'Amour, c'est le danger de faire fausse route et sortir de la balise de la réalité, de la vérité. Dieu ne peut pas être autre qu'Amour.

Chaque religion, la nôtre aussi, devrait vérifier si elle annonce un Dieu d'Amour ou autre chose. Et c'est là que nous devons être prudents.

Par exemple, Jésus nous a transmis l'Eucharistie au moment de la Cène avec les Apôtres. Il leur a demandé de vivre le repas Eucharistique avec Dieu continuellement et de la même manière qu'il nous l'a transmis.

Dieu ne vit pas dans le temps. Le repas Eucharistique, du moment où Jésus l'a vécu, est le même qu'aujourd'hui et c'est éternellement les mêmes Paroles de Jésus, comme Paul nous le rappelle :

> J'ai moi-même reçu ce qui vient du Seigneur, et je vous l'ai transmis : la nuit où il était livré, le Seigneur Jésus prit du pain, puis, ayant rendu grâce, il le rompit, et dit : « Ceci est mon corps, qui est pour vous. Faites cela en mémoire de moi. » Après le repas, il fit de même avec la coupe, en disant : « Cette coupe est la nouvelle Alliance en mon sang. Chaque fois que vous en boirez, faites cela en mémoire de moi. » *1re lettre aux Corinthiens, chapitre 11, verset 23 à 25*

Faire mémoire, c'est nous rappeler la vie de quelqu'un. C'est ce que nous réalisons avec Jésus. Nous nous souvenons des parties de sa vie qui nous conduisent au salut. Mais, il y a plus. C'est Jésus, le Christ qui se rend présent sur l'Autel. Il est l'Agneau de Dieu, encore en ce moment, aujourd'hui même.

Le repas avec Dieu se vit normalement chaque jour. Pour nous, cela semble un nouveau repas, mais pour Dieu c'est le même, puisqu'il est éternel, puisqu'il ne vit pas dans le temps comme nous. Nous vivons exactement le même repas que Jésus a vécu avec ses Apôtres. C'est le même Jésus, c'est le même repas qu'avec ses Apôtres que nous partageons.

Que notre prière personnelle et communautaire continue de s'ouvrir à toute l'humanité. Que notre accueil des personnes se fasse de plus en plus en lien avec la volonté de Dieu. Lorsque nous accueillons une personne, c'est Jésus qui accueille en nous la personne. La personne que nous accueillons, c'est Jésus. Car, en réalité, c'est Jésus qui est le centre, au cœur de la personne et de nous-mêmes. Continuons de bien accueillir les personnes, puisque nous accueillons Jésus en eux.

La paix

Avez-vous remarqué ? Avant, il y avait une course à l'armement des pays et maintenant, depuis la bombe atomique, il y a une course au désarmement ?

La prière et le développement de la paix dans le monde est ce qui nous permettra de continuer et d'offrir un monde juste, vivable, pour nos enfants.

Prions Jésus et devenons avec lui militant de la paix pour que le monde continue de découvrir son plein potentiel d'amour, lié (reli-gion) à l'Amour de Dieu.

Osons un avenir pacifique pour nos enfants.

Ouvrir sur Dieu

Ce passage est tiré du livre de la Sagesse :

> S'ils les ont pris pour des dieux, sous le charme de leur beauté, ils doivent savoir combien le Maître de ces choses leur est supérieur, car l'Auteur même de la beauté est leur créateur. *Sagesse, chapitre 13, verset 3*

Nous sommes fascinés par ce que Dieu a créé, et tristement, beaucoup trop de personnes pensent que cela est le sommet de la vie.

Nous : « sommes fascinés par les beautés de la création », mais trop de personnes ne cherchent pas plus loin et à connaitre qui est le créateur de cette beauté.

Des gens cherchent partout, mais sans trouver la réelle beauté du monde qui semble cachée. Elle se dévoile dans la Trinité qui est avec nous.

D'autres gens marchent comme s'ils avaient déjà tout en main. Mais ce sont des illusions. Au lieu de rêver de vivre, Dieu nous invite à le vivre dès maintenant, en acceptant la réalité de la vie qu'il nous donne déjà.

Dieu ne se trouve que par une rencontre avec lui, dans notre cœur. Nous cherchons à l'extérieur et nous voulons vivre au maximum notre passage sur terre, et nous avons les moyens pour le faire, mais nous avons déjà tout reçu avec la grâce de Dieu.

Demandons-lui ce dont nous avons réellement besoin.

Faire connaitre Dieu

Qu'il y ait des prophéties, des prières en langues, des adorations et tout ce qui nous unit au Seigneur, ils doivent être pour l'accomplissement du Royaume des cieux.

Tout ce qui sert à faire connaitre Dieu se reconnait par ce qui est bon et saint. Rendons notre cœur semblable au Cœur de Jésus. Plaçons notre confiance en Lui et laissons-le nous guider vers les autres. Qu'il puisse parler et agir à travers nous.

Augustin nous a laissé ce petit texte qui est reproduit dans le *Catéchisme de l'Église Catholique au numéro 30* :

> Tu es grand, Seigneur, et louable hautement : grand est ton pouvoir et ta sagesse n'a point de mesure. Et l'homme, petite partie de ta création, prétend Te louer, précisément l'homme qui, revêtu de sa condition mortelle, porte en lui le témoignage de son péché et le témoignage que Tu résistes aux superbes. [Malgré tout] l'homme, petite partie de ta création, veut Te louer. Toi-même Tu l'y incites,

en faisant qu'il trouve ses délices dans ta louange, parce que Tu nous as fait pour Toi et notre cœur est sans repos tant qu'il ne se repose en Toi *(S. Augustin, conf. 1, 1, 1).*

Les humains veulent louer Dieu. Que les paroles et les gestes soient toujours pour rendre gloire à Dieu. La barre est haute, mais elle est de la même hauteur pour tous, à une hauteur humaine.

Laissez-vous réconforter

Paul nous dit de partager ce que nous recevons de Dieu :

> « Ainsi donc, frères, tenez bon, et gardez ferme les traditions que nous vous avons enseignées, soit de vive voix, soit par lettre. Que notre Seigneur Jésus Christ lui-

même, et Dieu notre Père qui nous a aimés et nous a pour toujours donné réconfort et bonne espérance par sa grâce, réconfortent vos cœurs et les affermissent en tout ce que vous pouvez faire et dire de bien. » *2ᵉ lettre de Paul aux Thessaloniciens, chapitre 2, versets 15 à 17*

Que notre cœur s'affermisse avec la grâce de Dieu pour réaliser le bien autour de nous.

Demandons l'Amour de Dieu pour nous et pour chaque personne, afin que nous nous éloignions du mal et que nous devenions bienheureux par l'Amour et pour l'Amour de Dieu.

Dans le désert

Quand nous pensons au martyre de Jean-Baptiste, il est difficile de croire qu'une personne comme lui, qui veut du bien autour de lui, n'est pas reconnue pour ce qu'il apporte. Nous pouvons dire qu'encore aujourd'hui, nous faisons face à ce genre de phénomène.

Beaucoup de personnes, malheureusement encore aujourd'hui, sont ridiculisées, mises de côté, condamnées injustement par leur entourage simplement parce qu'elles veulent transmettre des valeurs et invitent à la prudence, la patience, puis à la sainteté.

Tout comme Jean-Baptiste, nous crions parfois dans le désert. Et s'il y en a qui ne comprennent pas, il y en a d'autres qui viennent à comprendre le message de paix et d'espérance, par les valeurs véhiculées par nos paroles et nos gestes.

Les personnes qui vivent des épreuves ont besoin de bergers sur leur route. Chaque fois qu'une personne se convertit, c'est une joie pour notre cœur. Et nous sommes invités à partager notre foi, même si cela semble être dans le désert de certains cœurs. Après la semence, laissons-la se développer en foi. Notre partage peut aider à améliorer la vie des personnes plus que nous pouvons l'imaginer.

Plaçons notre confiance en Jésus. Laissons-le toucher le cœur des personnes. Parfois, juste prononcer le nom de Jésus une seule fois, surtout dans le monde, et le cœur d'une personne se transformera.

Si nous en parlons mal, sans obtenir de réponse de l'autre, nous risquons d'éloigner les personnes qui n'ont pas la foi. À chaque phrase de foi que nous communiquons, attendons un peu pour bien observer la réaction, la réponse de l'autre et ajustons le message en conséquence.

C'est important d'être modérés dans nos propos, de bien choisir le meilleur moment pour partager notre foi ou pour dire une phrase simple qui permet à un cœur de s'ouvrir à Jésus.

Cela demande beaucoup de prudence, de discernement et de bien connaitre les personnes autour de nous, et de nous connaitre personnellement aussi. Surtout, cela nous invite à demander au Saint-Esprit de nous éclairer sur ce qui se retrouve de lumineux dans la personne et lui démontrer simplement.

Par exemple, si nous trouvons que cette personne est toujours joyeuse, nous pouvons lui dire que sa joie est vraiment belle et qu'elle est une manifestation de l'Amour. Cela va la ramener à son cœur. Et dans son cœur se trouve Jésus. C'est un moyen d'évangéliser.

Le pire péché

Jean nous dit :

« Vos péchés vous sont remis à cause du nom de Jésus. » *1ʳᵉ lettre de Jean, chapitre 2, verset 12*

Il n'y a pas d'autre nom qui nous sauve que Jésus. Jésus est Dieu et il a le pouvoir de nous garder dans la pureté, de nous garder éloignés du mal, loin du péché.

Méditons cette phrase :

« Celui qui vous écoute m'écoute ; celui qui vous rejette me rejette ; et celui qui me rejette rejette celui qui m'a envoyé. » *Luc, chapitre 10, verset 16*

Jésus est conscient que dans certaines villes, les disciples seront accueillis et dans d'autres villes, la porte leur sera fermée.

Ce n'est pas très choquant en soi que les disciples ne soient pas accueillis, car parfois le cœur se donne du temps pour bien recevoir le message de la Vie de Jésus. Jésus laisse aux personnes le temps de recevoir son message.

Ce qui inquiète davantage Jésus, ce sont les personnes qui rejettent les disciples. Le rejet est habituellement uni à l'attitude de ne pas vouloir entendre et de ne pas chercher à savoir, à connaitre Jésus. Cela est un danger pour la foi.

Jésus parle de personnes qui peuvent le rejeter. Mais comment rejeter le Fils ? Comment des personnes peuvent-elles rejeter l'Amour ?

Des personnes disent que la foi Catholique est une idéologie. Alors, si l'Amour de Dieu est une idéologie, continuons de le développer, afin de découvrir toute la beauté et la splendeur de la Vérité. Nous découvrirons la vraie beauté de l'Amour de Dieu.

Plus personne ne parlera d'idéologie, sauf de l'idéal de toujours demeurer ancré dans son Amour. Il y a une multitude de raisons de se tenir éloigné de l'Amour de Dieu à essayer de le ternir, mais il n'y a qu'une réponse pour retrouver le sens et la réalité de la vie et c'est en Dieu.

Il est écrit clairement que des personnes ne veulent pas entendre :

> Depuis le jour où le Seigneur a fait sortir nos pères du pays d'Égypte jusqu'à ce jour, nous n'avons pas cessé de désobéir au Seigneur notre Dieu ; dans notre légèreté, nous n'avons pas écouté sa voix.
> *Baruch, chapitre 1, verset 19*

Jésus ressent une profonde tristesse pour les personnes qui le refusent globalement, car le seul chemin de salut est par Lui. Et s'il envoie des personnes en mission en son Nom, c'est comme s'il est sur la route lui-même à travers ses disciples.

Jésus sait que son message est Vie. Si une personne refuse le message de manière systématique, sans réfléchir et sans même accueillir ce que les autres peuvent dire de bien, de bon, de vrai de lui, elle se situe en refus quant au message du Christ et de sa Vie pour elle. En refusant le disciple, elle refuse aussi Jésus. Jésus aimerait rejoindre son cœur pour qu'elle vive en son Amour.

Jésus envoie encore aujourd'hui des disciples de par le monde pour rejoindre le cœur de tous. Mais Jésus ne force personne, il laisse libre. La responsabilité est entre les mains de chacune de ces personnes.

Que la Parole de Dieu nous soit transmise par la grâce de l'Esprit Saint, afin que nous connaissions l'Amour véritable du Christ pour chacun de nous. Que l'Esprit Saint nous donne aussi le discernement des Écritures, afin de découvrir ce qui est vraiment de Dieu, afin de mieux approfondir la Parole de Dieu et de la faire connaitre.

Le nom de Jésus

Être dans un endroit et prier dans son cœur le nom de Jésus peut aider les personnes autour de nous. C'est trop simple. Juste dire le nom de Jésus à d'autres personnes, tout simplement, ébranle les murs des cœurs et permet aux personnes de se libérer. Le monde a besoin d'entendre le nom de Jésus.

La vieille prophétesse Anne a compris sa mission. Elle sait qu'annoncer la venue de Jésus est la seule annonce qui est véritable et nécessaire. Elle l'a vu, elle :

« proclame les louanges de Dieu et parle de l'enfant à tous ceux qui attendent la délivrance de Jérusalem. » *Luc, chapitre 2, verset 38*

Même dans notre cœur, si nous pensons que nous sommes avec des personnes qui ne veulent pas entendre parler de Jésus, prier le nom de « Jésus » dans notre cœur transformera le cœur des personnes autour de nous.

Et lorsque nous sommes dans un lieu favorable, comme l'est Anne devant le Temple, c'est le moment de parler davantage de Jésus. Même chez les croyants, prononcer le nom de Jésus, c'est réjouir leur cœur et leur donner l'allégresse de l'Amour, puis les encourager sur la route de l'évangélisation. Cette démarche augmentera ainsi l'allégresse dans notre cœur.

Celui qui me juge

Paul nous dit :

« Ma conscience ne me reproche rien, mais ce n'est pas pour cela que je suis juste : celui qui me soumet au jugement, c'est le Seigneur. » *1re lettre de Paul aux Corinthiens, chapitre 4, verset 4*

Remarquons comment Paul se corrige rapidement. C'est heureux que nous ayons cette correction dans son texte. Il a apporté une nuance à son message pendant qu'il l'écrivait.

Ce n'est pas parce que notre conscience ne nous reproche rien que nous sommes justes. Encore faut-il que nous ayons confronté notre conscience avec Dieu, pour bien l'ajuster. C'est-à-dire, est-ce que nous avons agis avec la Sagesse et l'Amour que Dieu utiliserait ou simplement selon notre profit, à notre convenance et pour notre propre gloire ?

À la toute fin, celui qui nous jugera, c'est Dieu, heureusement. Nous préférons que Dieu nous juge, puisque Dieu nous juge avec son Amour, seulement. Son Amour nous laisse donc libres de nous juger nous-mêmes. Or, nous pouvons déjà nous juger, juger notre manière d'agir et notre manière de parler simplement à la lumière de l'Amour et de la miséricorde de Dieu. Apprenons pourtant à être aussi miséricordieux avec nous-mêmes, dans la joie.

Tout ce que nous réalisons et dont nous savons que c'est inspiré de l'Amour, nous savons que nous ne manquons pas notre coup. Si nous gardons ce point de repère comme première règle de vie, nous allons vivre une vie d'amour. Et nous allons aussi vouloir vivre les sacrements offerts par Dieu, parce qu'ils nous gardent sur la route de l'Amour de Dieu, en Église.

C'est de cela que parle Paul. Chaque fois que nous faisons référence à Jésus dans notre vie, dans la mesure où nous suivons son exemple d'Amour et seulement d'Amour, nous vivons pleinement le moment présent, nous sommes en mission.

C'est classique, nous le savons, nous ne cessons pas de demander du neuf aux futurs représentants du gouvernement et souvent cela influence les votes. Mais seul Jésus peut nous donner du neuf à chaque instant.

Habituons-nous à vouloir partager l'Amour que Jésus veut partager et cherchons à offrir ce qu'il y a de meilleur en nous, ce qui est toujours neuf, Jésus lui-même. Soyons attentifs au besoin de notre entourage. Offrons Jésus.

Langage des disciples

> Le Seigneur mon Dieu m'a donné le langage des disciples, pour que je puisse, d'une parole, soutenir celui qui est épuisé. Chaque matin, il éveille, il éveille mon oreille pour qu'en disciple, j'écoute. *Isaïe, chapitre 50, verset 4*

Écoutons Jésus. Écoutons les autres « pour soutenir l'épuisé ».

Jésus est venu dans notre monde assumer notre nature humaine et il en a profité pour nous porter sur lui, avec lui. Il nous demande de lui remettre tous les fardeaux, les nôtres, ainsi que ceux des autres.

Jésus nous montre comment être disciple pour qu'avec sa Parole, il soutienne l'épuisé. Chaque matin Jésus se lève, avec nous, pour la même Mission. Conduire la famille humaine au Père.

Préparons notre cœur pour nous rendre à la Cène, puis ressortir de table avec Jésus et observer ce qu'il réalise pour nous, dans le monde. Demandons à l'Esprit Saint de nous permettre de vivre avec Jésus son expérience unique, sa Mission, avec sa Parole dans notre cœur, pour le salut de l'humanité. Que le Père se réjouisse que nous observions sa volonté d'Amour.

Bibliographie

Bible. AELF, 2011 à 2017, Site Internet : *https://www.aelf.org/bible* (À cause de cette période d'écriture, les textes bibliques peuvent être différents puisqu'ils ont changé en 2017).

Catéchisme de l'Église Catholique : *http://www.vatican.va/archive/FRA0013/_INDEX.HTM*

Homélie du Pape François pour l'ouverture du Jubilé de la Miséricorde de décembre 2015

Jean-Louis DE LA VAISSIÈRE, Agence France-Presse, Cité du Vatican

Petit Journal, Sœur M. Faustine, Édition du dialogue, Paris, 1997.

Présence info : *http://presence-info.ca/article/-la-misericorde-c-est-l-amour-qui-se-deverse-dans-la-limite-humaine-*

Table des matières